先別振作

你的人生本該有選擇的自由

努力失效、價值感崩解、親密關係斷裂
關於失敗的十堂課，教你在崩潰中慢慢重建自己

一場關於認識自己的旅程
從失敗到修復，從懷疑到重建
你需要的不是快點振作，而是稍作休息

有些痛無法立刻痊癒，只能一點一點被理解
低潮不是人生的例外，是我們都曾走過的路

周海 著

目 錄

前言　　　　　　　　　　　　　　　　　　　　　005

第一章
失敗不是終點，而是重組的起點　　　　　　　　009

第二章
懷疑自己時，更要看清自己　　　　　　　　　　027

第三章
身分瓦解後，該怎麼重建自己？　　　　　　　　047

第四章
關係斷裂後，孤單是重新連結的起點　　　　　　065

第五章
不是每一道傷都需要原諒　　　　　　　　　　　083

■ 目錄

第六章
當所有人都在前進,我該往哪走? 103

第七章
夢碎之後,還能不能再相信自己? 123

第八章
當工作被奪走,人生不必一起崩塌 145

第九章
堅強不等於壓抑,也不是義務 163

第十章
從困境中長出力量,而不是倖存而已 183

前言

這不是一本要你振作的書。

我們已經聽過太多「只要努力就能成功」的勵志故事，也看過太多跌倒後奇蹟式翻身的神話劇情。可是現實往往不是這樣：有時你真的很努力，卻什麼都沒改變；有時你以為人生終於穩了，下一秒卻全線崩塌。更真實的是，在低谷裡的你，可能連「努力」這件事都提不起勁，甚至不知道該努力什麼。

我想寫這本書，是因為我相信，低潮不是一種錯誤的人生狀態，它只是人生的其中一段。那些曾讓你懷疑自己的人、那些讓你深夜痛哭的失落、那些走投無路的時刻，並不是失敗的證明，而是你曾經真心投入、認真生活過的痕跡。

但我們都需要學會一件事：怎麼從那些破碎裡重新整理自己，而不是急著逃開它。

這本書不會催促你「加油」，也不會鼓吹「堅強」或「轉念」這種快速止痛的話語。因為我知道，在某些時候，這些話反而讓人更孤單。你不是真的想聽見別人說「你可以的」，你只是想要有人明白：你真的已經撐很久了。

前言

所以我們從另一個角度開始——不是從「怎麼振作」，而是「我們為什麼會在困境裡這麼痛」，痛的是什麼？是失去身分？是自我懷疑？還是曾經相信的東西被推翻？

這些問題，才是我們真正要開始面對的。

你會發現，真正的力量不來自一瞬間的鼓起勇氣，而是來自一段段把自己撿回來的過程。

本書分為十章，每一章都圍繞著一種常見的人生困境——失敗、自我懷疑、角色失落、關係斷裂、心理傷害、停滯焦慮、夢想破碎、職涯失序、情緒壓抑與創傷復原。這些困境，我們每個人可能都經歷過，也可能正處其中。

每一章都安排四個主題切面，從心理學觀點、真實人物經歷與自我對話的角度切入，幫你慢慢理解自己發生了什麼、失去了什麼、又有什麼還沒被看見。這些章節不會告訴你「應該怎麼做」，而是讓你有空間重新思考「你真的想怎麼做」。

我相信每個人都有能力修復自己，但不是在別人的節奏下，也不是靠偽裝堅強，而是在安全的環境中，一步一步長出自己的節奏與力量。

「心理健康不是從不跌倒，而是知道如何站起來，並知

道跌倒不代表什麼。」這句話我常常放在心上。

我們都會跌倒，但跌倒不是錯，也不是恥辱。它只是在提醒你：你也需要時間、需要修復、需要重新排列自己與這個世界的關係。

而本書，就是想陪你走這一段。不是指引你一條明確的出路，而是幫你一起走過那些沒有人教過我們怎麼走的路。

當你準備好了，我們就從第一章開始 —— 從失敗開始，不是因為那裡最糟，而是因為，那裡正是我們開始變得不一樣的地方。

■前言

第一章
失敗不是終點，
而是重組的起點

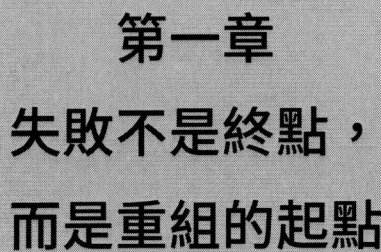

■ 第一章　失敗不是終點，而是重組的起點

1. 跌倒之後，我們真正失去的是什麼？

多數人以為，挫敗最大的打擊，是失去機會或現實的劇變。但真正讓人動搖的，往往是更隱晦的疑問——那句悄悄浮現心頭的話：「我，還是原來的我嗎？」

當人生某個部分猝然崩塌——例如職涯中斷、計畫夭折或關係瓦解——我們常用「沒關係，我會再來過」、「失敗是成長的契機」來安慰自己。這些話或許真誠，卻也可能只是逃避心底那份茫然。那麼，失落真正奪走的是什麼？我們已準備好直視了嗎？

自我動搖並非孤立經驗，許多創作人也曾歷經這種掙扎。日本導演是枝裕和曾談到，早年在富士電視臺製作紀錄片時，屢次遭到提案退回、作品刪減，甚至辛苦完成的計畫也難逃腰斬命運。他形容那段日子充滿挫敗與懷疑，甚至讓他開始質疑：「我所堅持的價值觀，是否根本無法被這個世界接納？」他不是一夕放棄，而是在現實一再否定中，漸漸感受到自己的敘事正在崩解。他說，正因為那段模糊與遲疑，才逼得他找出新的方向，也才拍出後來如《小偷家族》那樣關於邊緣與失序家庭的電影。這些作品不只是創作的成

果,更是他在失敗中慢慢重構自己信念的軌跡。

心理學研究指出,在挫敗經驗後,個體最先出現的並非「目標感缺失」,而是對自我定義的懷疑。當我們曾經相信「我是某種有能力、有價值的人」,但事件與結果反覆傳遞相反訊息時,便會出現「敘事斷裂」的心理困境。這不是單純的情緒低潮,而是一種核心身分與價值觀的動搖。

這類經驗並非藝術家獨有。在我們每一個人身上,對自我認同的信念,多半不是單獨存在,而是與我們的社會角色、他人評價、成功紀錄綁在一起。心理學家丹・麥克亞當斯(Dan P. McAdams)稱這種自我理解為「敘事認同」(Narrative Identity)—— 我們如何透過編織個人故事,來理解自己是誰。然而,當這段敘事某個重要章節被突如其來的變故打斷,我們會產生一種強烈的內在失衡感,不只是難過或焦慮,而是找不到下一句要如何延續故事。

一位在科技業任職超過 15 年的中階主管,曾在企業重組中被資遣。被問到最痛的感受,他說:「不是失業本身,而是突然不知道,沒有這個職位,我還是誰。」他曾以為自信源自專業實力,卻在失去角色後發現,那份信心有很大一部分是建立在組織的肯定上。一旦組織消失,肯定也隨之抽離,他被迫面對一個深層的問題:「如果我不是這個角色,那我還剩下什麼?」

第一章　失敗不是終點，而是重組的起點

　　心理學家艾倫・蘭格（Ellen Langer）早在 1975 年就提出「控制錯覺」（Illusion of Control）的概念，指出人們常高估自己對生活結果的掌控力。尤其面對挫折時，更容易將責任歸咎於自身努力不夠或判斷失誤。然而，許多失敗並非全由個人決定，也可能源自結構限制、環境條件，甚至純粹的運氣。當我們執著於「本來可以控制」，便容易陷入自責，而這種執著本身，才是苦的根源。

　　心理學家巴瑞・施瓦茨（Barry Schwartz）在《選擇的悖論》(*The Paradox of Choice*) 中談到「價值失序」現象——當社會強調自由與卓越，我們便以為只要努力，就能打造理想人生。然而，當選項過多、期待過高，我們反而容易落入一種沉重的責任幻覺：如果我沒有成功，是不是代表我根本不夠好？這種思維，讓失敗不再只是一次挫折，而是一整套自我價值的否定。

　　承認失敗之所以困難，不只是因為怕丟臉，更因為一旦說出口，我們就得直視那個尚未重新定義的自己。那段模糊未明的時期，是心理上最難捱的時光。沒有角色、沒有敘事、沒有方向，一切彷彿暫停。我們不再是「有故事的人」，而只是「曾經失敗的人」。

　　然而，正是在這段空白裡，重建才開始成為可能。心理學家詹姆斯・潘尼貝克（James Pennebaker）提出「表達性寫

作療法」(Expressive Writing Therapy)，就是一種透過書寫重建意義的方式。他的研究發現，即使每天只花 15 分鐘書寫創傷與失落經驗，也能有效減輕壓力、增強心理穩定。他指出，語言能協助人們整理經驗、轉化意義 —— 當痛苦成為故事的一部分，我們就重新握回與過去對話的主導權。

這與《接納與承諾療法》(Acceptance and Commitment Therapy, ACT)中的核心概念相互呼應。其創始人史蒂文·海耶斯 (Steven C. Hayes)指出，心理困擾常來自於我們對「經驗該是什麼樣子」的執著。當我們嘗試壓抑、否定或逃避痛苦時，反而將自己困在對抗之中；唯有學會與失敗同在，並放下對完美劇本的執念，才能騰出空間來書寫新的敘事版本。

是枝裕和沒有在失敗中停滯，也沒有試圖擦掉那段低谷。他選擇讓那段經歷成為創作的一部分，並說：「我拍這些片子，是想告訴大家，就算不是主流世界裡的人，也有存在的價值。」在人生的故事裡，那些未竟之事、無聲的轉折，或許正是我們學會成為自己的契機。

人生中的跌倒不一定伴隨疼痛的當下，但會在很久以後，讓你發現自己其實失去了某種更深層的東西。而重新站起來的第一步，從來不是行動，而是承認 —— 承認故事斷了、承認你失落、承認你正在尋找下一句該怎麼寫。

■ 第一章　失敗不是終點，而是重組的起點

2. 為何面對失敗時，最難的是承認？

承認失敗，往往不是知識上的困難，而是心理上的掙扎。人們並非不知道自己跌倒了，而是不願意面對跌倒所代表的意義。那不僅是一次事件的終止，更是自我認同被挑戰的時刻。說出「我失敗了」這句話，往往比失敗本身更令一個人恐懼。

2015 年，美國科技新創圈爆出震撼消息。伊莉莎白・荷姆斯（Elizabeth Holmes）創辦的醫療科技公司 Theranos 被揭露技術造假，曾被吹捧為醫療革命的檢驗平臺，在真相曝光後遭全面瓦解。荷姆斯本人曾是備受矚目的矽谷明星，《富比世》（Forbes）一度將她列為全球最年輕的白手起家女富豪。然而，在檢察單位與《華爾街日報》（The Wall Street Journal）長期調查之後，揭露 Theranos 的實驗技術並未達成所宣稱的準確性與應用範圍。這場風暴最終導致她在 2022 年被判刑 11 年。

在被調查與面臨起訴的期間，荷姆斯從未真正承認自己失敗了。她堅稱「我們的願景是真誠的」、「我們的意圖是好的」。即便事實與證據已清楚擺在眼前，她仍不願明確

2. 為何面對失敗時,最難的是承認?

認錯。這樣的反應看似頑固,實則是對自我崩解的極度恐懼——因為認錯,不只是損失事業,更可能摧毀她多年來對「我是個改變世界的創辦人」的信念。這句話背後不是辯解,而是內在自我架構的一種防衛。

心理學上,這類現象屬於典型的「否認機制」(Denial)。這是一種潛意識運作的心理防衛方式,當現實過於痛苦,我們會傾向否認它的存在,以保護內在結構的穩定。否認不等於說謊,它是一種主觀的屏蔽:我不願承認事情出了問題,因為那會迫使我放下過去的敘事。這在許多高成就者身上尤為常見,因為他們的自尊不僅建立在能力上,更建立在控制感與成功的連續性中。

羅伊・鮑邁斯特(Roy Baumeister)在研究中指出,當一個人的自尊過度依附於單一成就,當那個依據崩解時,自我感也會隨之瓦解。他將這種現象稱為「脆弱性自尊」(fragile self-esteem)——當外在表現出現波動,內在的穩定感也隨之動搖。

心理學家朱莉・諾雷姆(Julie Norem)在研究「防衛性悲觀」(Defensive Pessimism)時也發現,某些人為了避免受傷,傾向預先設想最壞情境。然而,這樣的因應策略雖能降低衝擊,卻也容易讓人長期習慣負面詮釋,進而削弱心理調適的能力。

第一章　失敗不是終點，而是重組的起點

　　然而，否認雖可短暫保護內心，長期卻會阻礙修復。研究者布芮尼・布朗（Brené Brown）指出，創傷的痛苦不會因否認而消失，只是讓我們失去了與它對話與整合的機會。承認錯誤，是打破這種循環的關鍵，也是心理重建的第一步。而這份誠實，不是軟弱，也不是自責，而是取回行動權的一種形式。

　　在生活與職場中，我們或許都曾歷經那一刻——試圖說服自己「不是我的錯」，只為逃避那份內疚。不論是失敗的專案、錯誤決策或無心的傷人言語，只要我們拒絕承擔，就也放棄了修復與成長的機會。若是成為慣性防線，便會讓我們離真正的改變越來越遠。當我們愈常以外部理由解釋內部困境，便愈難真正成為自己生命的主導者。

　　心理復原力的基礎，不是強裝鎮定，也不是壓抑情緒，而是誠實看見現實、承認局限，然後決定該怎麼走下去。就像接納與承諾療法所主張的，改變來自於「停止與自己作戰」，轉而專注於當下與未來可能的行動。創始人史蒂文・海耶斯曾說：「我們不會因為消除了痛苦而成長，而是因為我們帶著痛苦繼續往前走。」

　　在失敗的時候，承認並不是一種放棄，而是一種選擇。你可以選擇說：「是的，我錯了」，也可以選擇從那句話開始，慢慢修復故事的下一章。就像心理學家詹姆斯・潘尼貝

2. 為何面對失敗時,最難的是承認?

克所發現的那樣,將痛苦經驗寫下來、命名、排列、反思,能幫助我們重拾內在秩序與意義。語言不只是表達,更是重建。

人生的敘事不需要完美。重要的從來不是沒有錯誤,而是我們是否有勇氣說出「這是我犯的錯」,然後接著問:「現在,我可以怎麼做得更好?」

■ 第一章　失敗不是終點，而是重組的起點

3. 從錯誤經驗中提煉意義的能力

在面對錯誤時，我們的第一反應通常是急於修正、補救、忘記，甚至想辦法抹去它的痕跡。但有些錯，不僅無法簡單挽回，還可能持續留下影響。於是，另一種更高階的處理能力便顯得格外重要：不是只問「我該怎麼補救」，而是進一步問：「我能從中學到什麼？這件錯事，對我理解世界與自己，有什麼改變？」

2009 年，美國新創企業 Airbnb 在草創初期幾乎面臨倒閉。當時公司不僅無法獲利，甚至連核心概念——「把陌生人帶進家裡住」——都遭遇嚴重質疑，許多潛在用戶認為這種模式既危險又不實際。創辦人布萊恩·切斯基（Brian Chesky）回憶，那段時間他們不斷嘗試說服投資人，但得到的回應卻是：「這個點子永遠無法規模化。」然而，與其完全放棄或盲目堅持，他們選擇深入分析錯誤背後的原因。

最終，他們發現問題並非在商業模式本身，而是用戶體驗過於抽象，缺乏可視化的信任基礎。於是他們重新設計了平臺介面，提升照片品質、加入房東介紹影片，並建立雙向評價機制。這些舉措不是為了掩蓋失誤，而是來自對「為何這個失誤會發生」的深入理解。他們從失誤中提煉出一個核

3. 從錯誤經驗中提煉意義的能力

心洞見：人們不是害怕借宿，而是害怕不信任。因此，錯誤變成了平臺進化的起點，而非障礙。

這樣的能力 ── 從錯中提煉意義，而不是僅將錯誤視為負面結果 ── 在心理學中屬於一種後設認知策略（Metacognitive Strategy）。心理學家約翰・弗拉維爾（John H. Flavell）曾指出，後設認知不只是知道「自己知道什麼」，更包括在遇到挫折時能夠問：「我為何會犯這個錯？」、「我接下來可以用不同方式看待它嗎？」這種認知自省能力，才是真正讓錯誤成為智慧來源的轉化關鍵。

許多失敗之所以無法帶來成長，是因為人們只想「跳過」錯誤本身。心理學家卡蘿・德威克（Carol Dweck）在其關於成長型思維（Growth Mindset）的研究中強調，若一個人相信能力是可變的，他會將犯錯視為學習的機會；但若他相信能力是固定的，每一次犯錯都會被視為自我價值的威脅。這兩種思維在錯誤發生時的處理策略完全不同，前者會問「我可以怎麼變得更好？」，後者則想「我是不是根本不行？」

在創造性領域中，錯誤不一定是失敗，有時反而是觀察與改變的入口。設計公司 IDEO 曾於 1996 年與牙刷品牌 Oral-B 合作開發兒童牙刷。他們發現，兒童常以整個手掌握住牙刷，而非如成人般以手指操作，這使得傳統細柄設計

第一章　失敗不是終點,而是重組的起點

對兒童不友善。於是團隊設計出粗柄且材質柔軟的「Squish Gripper」兒童牙刷,重新定義了兒童產品的使用者導向。這不是從錯誤中補救,而是透過對現象的細膩觀察與反思,轉化成產品創新的起點。這樣的案例顯示:關鍵不在錯了什麼,而是我們能否從現象中擷取價值。

這種將錯誤轉為價值的能力,不僅是創意產業的利器,更是個人韌性的一環。心理學家安琪拉・達克沃斯(Angela Duckworth)在研究堅毅(grit)時提到,那些能長期堅持目標的人,並不是因為他們錯得少,而是因為他們能從錯中提煉出下一步的策略。她指出:「對錯誤的反應方式,往往決定了一個人是否有能力持續前進。」

但這樣的提煉並不自動發生。它需要空間、時間,還有心理安全感。現代社會傾向用結果論判斷一切,讓人們羞於承認失敗、匆匆跳過反思。尤其在職場或教育現場,失誤經常被標籤為能力不足,或被用來作為評價工具,導致犯錯的學習價值被壓抑。在這樣的環境下,提煉意義不再是自然反應,而是需要刻意練習的能力。

其中一項具實證效力的介入方式是「情緒性重述」(Emotional Reframing)——在安全空間中,邀請當事人回顧犯錯經驗,標示當時的情緒,重新命名事件意義。研究指出,這樣的練習能有效降低羞愧感與自責感,進而打開學習

3. 從錯誤經驗中提煉意義的能力

的可能性。心理學家查爾斯・斯耐德（C.R. Snyder）更進一步提出「希望理論」（Hope Theory），指出人們在敘述失敗時若能同時提及「未來可能的路徑」，將更容易走出無力感。

也因此，從錯誤中提煉意義，不只是反省行為，更是一種能力的建構：它結合了認知、情緒與意志，將一段看似無用或羞恥的經驗，轉化為後續選擇的資源。這不僅需要技巧，更需要一種信念——相信錯誤不只是代價，而是一種內容，一種可以學習與轉譯的語言。

當我們回望那些生命中的失誤時，若只是試圖塗抹、抹消或否定，那麼失誤就真的只是一道疤；但如果我們願意將它視為一段文本、一種材料，也許就能在其中發現尚未開發的視角。失誤不是故事的終章，它是未完成句子的中繼點。你可以讓它成為停損，也可以讓它變成一段嶄新的開始。

■ 第一章　失敗不是終點，而是重組的起點

4. 擁抱不完美的自己，開啟重新出發的可能

如果我們的人生是一場線性旅程，那麼失敗或停滯似乎意味著我們離目標更遠了一些。但事實往往不如此。人生從來不是線性的，每一次的跌倒，都可能隱藏著新的方向，而每一次的低谷，也可能是重新出發的入口。只是要啟動那個入口，往往需要一種我們不熟悉的能力——擁抱不完美的自己。

演員布蘭登・費雪（Brendan Fraser）曾是 1990 年代好萊塢的票房明星。他在《神鬼傳奇》（The Mummy）系列中塑造的英雄形象深入人心。然而在進入 2000 年代後，他的事業急轉直下，遭遇多重打擊：健康受損、家庭破裂，以及對演藝圈性騷擾事件的揭露讓他精神崩潰，幾乎從主流視野中消失。他曾坦言：「我沒辦法再演出那些『強壯又堅定』的角色，因為我本人已經不是那樣的人了。」

長達十年的沉潛，費雪不再出現在大片之中，只偶爾參與一些配角或電視作品。許多人以為他就此告別演藝事業。但在 2022 年，他以主演戴倫・艾洛諾夫斯基（Darren Aronofsky）執導的電影《我的鯨魚老爸》（The Whale）重返大

4. 擁抱不完美的自己，開啟重新出發的可能

銀幕，飾演一名患有重度肥胖的男子，掙扎於自責、愛與孤獨之間。這個角色極其脆弱，遠離傳統英雄形象，也毫不迴避身體與情緒的傷痕。

導演艾洛諾夫斯基在一次訪談中回憶，他花了多年尋找這個角色的合適人選，直到某天在一部巴西電影的預告片中看到費雪的片段表現，直覺認定這是一位能演出查理內在情感深度的人。他也提到，曾考慮找真實患有重度肥胖的演員，但在實際操作上考量到健康與角色詮釋的穩定性，最終選擇由費雪擔綱主演。

費雪沒有以「我要回到巔峰」的姿態復出，而是以「我已經不是那個完美角色了，但我仍能用現在的自己表演」為出發點。他擁抱了自己現在的狀態，接受了過去的崩解，才有了這場真實而深刻的演出。在奧斯卡領獎臺上，他動情地說：「我終於覺得，我沒有被排除在外。」這場勝利不只是對演技的肯定，更是對他「敢於不完美」選擇的回應。

在心理學上，這樣的歷程可被視為「自我接納」(Self-acceptance) 的實踐。自我接納並不等同自我放任，它的重點不在於「讓自己維持現狀」，而在於停止與現狀對抗。心理治療師克莉絲汀‧內夫 (Kristin Neff) 在自我關愛 (Self-compassion) 理論中指出，接納自己的不完美，是心理復原力的前提。她認為，當人陷入自我批判時，常常更無法

第一章　失敗不是終點，而是重組的起點

行動；而接納，反而讓行動成為可能。

　　這與社會文化普遍傳遞的「追求完美」信念恰好相反。在主流價值中，成功往往等於修補、遮掩甚至否認缺陷。我們被教導要「站起來比誰都更強」、「轉敗為勝才算重生」。這種敘事雖鼓舞人心，卻也不自覺地製造了一種壓力：如果你還帶著創傷，如果你還沒振作起來，那你就是輸家。

　　然而，心理學研究顯示，能夠擁抱不完美、不急於「復原」，反而更能穩定地重建人生。正念取向的心理治療（如正念認知療法 MBCT）便主張「非評價的覺察」——讓人不急著為當下經驗貼標籤，不以成功或失敗、對或錯來界定自己此刻的狀態。透過這樣的心態，我們學會與當下共處，也就多了前進的餘裕。

　　實際生活中，這樣的態度往往是重啟的關鍵。一位曾經歷創業失敗的中年男子在重返職場後坦言：「我最難克服的不是重新學習，而是面對那些曾看過我失敗的人。」但當他願意在新單位裡分享自己過去的經驗，甚至講出那些「做錯了什麼」的時刻，他發現周遭的尊重反而增加了。他說：「原來承認自己不完美，也可以成為一種說服力。」

　　這樣的說服力，不來自完美的履歷，而來自誠實的歷程。當一個人不再試圖隱藏裂痕，而是願意讓裂痕成為光透進來的入口，他的生命故事也開始有了新的敘事可能。這正

4. 擁抱不完美的自己，開啟重新出發的可能

如日本傳統工藝中的「金繼」所展現的精神——當陶器破裂時，不是拋棄它，而是用金漆修補裂痕。這些修補痕跡不被視為瑕疵，反而成為器皿的一部分，被欣賞、被珍視。金繼的概念源於 15 世紀的日本，與「侘寂」美學密切相關，強調在不完美與無常中發現價值與美。這提醒我們，生命的斷裂處，不是需要隱藏的錯，而是值得留存的章節。

因此，擁抱不完美，不只是情緒上的安慰劑，更是一種行動方向的轉向。我們不再追求回到「以前那個我」，而是開始問：「現在的我，還能做什麼？還能相信什麼？」答案也許會慢慢浮現，也許一時仍不清楚，但只要你不急著讓自己恢復原狀，你就已經站在重新出發的門口了。

■ 第一章　失敗不是終點,而是重組的起點

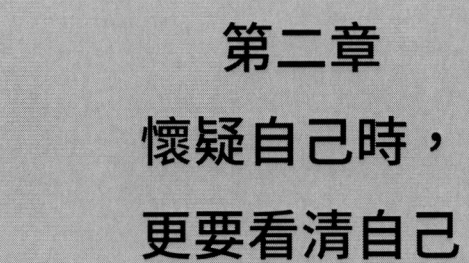

第二章

懷疑自己時，

更要看清自己

第二章　懷疑自己時，更要看清自己

1. 不是沒能力，而是過度比較

在自我懷疑的時刻，我們常說：「我是不是不夠好？是不是能力不夠強？」這樣的念頭像是一面鏡子，不斷反射出內在的不安。但如果仔細觀察，那面鏡子往往不是我們自己創造的，而是來自於他人——他人的成就、他人的進度、他人的期待。我們並非不知道自己做了什麼，而是在看到別人走得更快、更遠之後，才開始質疑自己：我這樣是不是太慢？是不是太普通？

社會心理學家李昂‧費斯汀格（Leon Festinger）早在 1954 年就提出「社會比較理論」（Social Comparison Theory），指出人們會本能地透過與他人比較來評估自己的價值與能力。這種比較機制在人類演化上可能具備生存意義，但在現代社會中，卻經常成為焦慮與自我懷疑的溫床。因為我們所接收到的他人資訊，幾乎全是「最光鮮的一面」，而自己卻清楚知道自己的不安、瑕疵與脆弱。

日本網球選手大坂直美在 2021 年因心理壓力宣布退出法國網球公開賽，引發全球關注。她在個人聲明中表示，長期面對媒體採訪所帶來的焦慮讓她無法專注於比賽，也影響到心理健康。她寫道：「每當我在媒體採訪時，我會開始懷

1. 不是沒能力，而是過度比較

疑自己是否值得站在這個位置上。」這份公開的坦白顯示，自我懷疑常並非來自技術或表現，而是與過度的關注與外部評價交織而成。這種比較壓力，在社群媒體的時代變得更加劇烈。

根據《社會和臨床心理學雜誌》(Journal of Social and Clinical Psychology) 2021 年一項研究，青少年與年輕成人每天使用 Instagram 或 TikTok 超過三小時者，顯著比低頻率使用者更容易出現「比較性焦慮」與「自我效能感下降」。即使是成人，也容易在觀看他人的旅遊照、升遷消息或健身成果時，產生一種「我怎麼還在原地踏步」的挫折感。

演員艾瑪・史東（Emma Stone）曾在一次訪問中談到，自己在好萊塢成名之前，總覺得自己不夠漂亮、不夠特別，也不夠適合當明星。她說：「每次試鏡時，我都會偷偷看其他演員的樣子，然後想：他們才是真的『那種人』，我只是僥倖在這裡。」直到後來她才明白，這些比較從來沒有讓她更努力，反而讓她懷疑自己原本已經擁有的特質。她說：「我最大的進步，是學會不再用別人的輪廓來衡量自己的形狀。」

這句話點出了自我懷疑的核心問題：我們不是不知道自己是誰，而是忘了自己可以用什麼樣的標準來了解自己。當我們一再把目光放在別人身上，衡量別人走了多遠、完

第二章　懷疑自己時，更要看清自己

成了多少、獲得了什麼時，自然也會對自己產生錯誤的判斷。「我好像很差」這個結論，常常不是來自事實，而是來自比較。

心理學家塔拉・布拉克（Tara Brach）在其研究中指出，「自我懷疑是人類情緒中最被低估的痛苦來源之一」，因為它不如憂鬱那樣顯眼，也不像焦慮那樣激烈，卻是日復一日侵蝕自信的慢性過程。她稱之為「微觀自我否定」：每天一點點地、不著痕跡地認為自己還不夠，然後內化為一種習慣性的自我懷疑。

這種懷疑往往會引導我們掉入「條件式價值感」的陷阱。我們開始相信：「當我做到 XX 時，我才值得被肯定」、「如果我沒有達成某件事，就證明我沒價值」。但事實上，這樣的想法往往會讓我們忽略自己已經具備的資源、努力與進展。當我們把「有沒有價值」綁在一個特定結果上，就等於把整個自我認同外包給外界的評價。

要對抗這種自我懷疑，我們第一步要做的，不是「更努力證明自己」，而是先意識到這種懷疑從何而來。它不是從「能力不足」開始的，而是從「比較之後的懷疑」開始的。當比較變成生活的習慣，當標準永遠來自他人，我們就會落入一種結構性否定自己價值的模式中，而這種模式與事實無關，與成績無關，只與注意力放在哪裡有關。

1. 不是沒能力，而是過度比較

　　心理學家克莉絲汀・內夫在自我關愛研究中指出，唯有在停止內部比較的狀態下，人才能真正產生穩定的自尊。她強調：「真正的自我價值來自『不管我表現如何，我仍值得被善待』這個前提，而不是『因為我表現得好，所以我值得被接受』。」這種思維轉向，不是要我們否定成長的價值，而是讓成長不再綁架自我肯定。

　　當我們從不斷比較的視角中抽離，開始把目光轉向內在的穩定感時，就會發現：原來我們對自己的要求，很多都不是來自真實需求，而是來自看太多別人的故事。也許我們並不是真的不夠好，而是過度專注在別人的好，卻忘了自己早已不再原地。

　　因此，在自我懷疑來襲時，最重要的不是馬上證明自己有多強，而是誠實地問：「我現在這麼想，是因為我真的失敗了，還是因為我看到了別人的成功？」這個問題，或許就是從懷疑走向清醒的起點。

■ 第二章　懷疑自己時，更要看清自己

2. 為什麼我們總是對自己最嚴苛

在人際關係中，我們大多能對朋友給予理解、對孩子保持耐心，甚至對陌生人都能寬容看待；但當轉向自己，語氣卻立刻轉為苛刻。有時候，一個小錯誤、一句脫口而出的話，就足以在我們內心引爆連串的批評：「你怎麼又這樣」、「果然還是不夠好」、「為什麼連這都做不好」。這些話語或許從未出聲，卻日復一日地在腦海裡盤旋。

這種現象並不罕見。心理學家保羅·吉爾伯特（Paul Gilbert）在其「慈悲焦點治療」（Compassion Focused Therapy）中指出，自我批判是大腦防衛系統的一部分，它源自對錯誤的高度警覺，目的是促使我們修正行為、避免再次失誤。然而，當這種機制過度啟動，便會演變為一種內在敵意：我們不再只是在糾正行為，而是在否定自己作為一個人的價值。這時，錯誤變得不是「我做錯了」，而是「我就是錯的」。

演員安·海瑟薇（Anne Hathaway）在訪談中坦言，自己在成名後的好幾年內，幾乎每天都在與內在的批判聲搏鬥。她說：「我曾經是自己最兇的評審。即使已經完成一部電影、獲得獎項，腦中還是會出現一個聲音說：這次只是運氣

2. 為什麼我們總是對自己最嚴苛

好,下次妳可能就會露餡了。」這段經歷並非少數名人才有的壓力,也反映出許多人在達成目標後,依然無法真正肯定自己。

造成這種狀態的關鍵之一,是我們從小所習得的「自我價值體系」。許多人是在「要變得更好」的鼓勵聲中長大,卻也在這些期待中逐漸將「不夠好」視為恥辱。在亞洲社會尤為明顯,家庭與教育制度長期將「努力追求卓越」作為基準,但很少教會人們如何看待自己的限制。於是,自我要求變成了「唯一可以被接受的自己」,而任何表現中的落差,就立刻引來內部的懲罰。

心理學家傑佛瑞・楊(Jeffrey Young)在提出「模式療法」(Schema Therapy)時也指出,自我批判常來自童年經驗中內化的聲音。若一個孩子長期在「你可以更好」的環境中長大,卻缺乏「你已經做得不錯」的回饋,他便容易在成年後持續使用高壓語言對待自己,即使周圍環境早已不再苛責。這種內在聲音並不一定是來自傷害性的父母或教師,有時只是出於善意的期待,但長期累積下來,卻變成了一種「你永遠不夠好」的潛在信念。

這也解釋了為什麼許多人在外人看來表現良好、成績優異,內心卻仍感到深深的不安。因為在他們的內在架構中,無論達到什麼高度,都會立刻被重新設定為「新的最低標

第二章　懷疑自己時，更要看清自己

準」，接著批判便重新啟動。這種內化批評機制與「完美主義」密切相關，但值得注意的是，心理學區分了兩種完美主義：適應性完美主義（adaptive perfectionism）與不適應性完美主義（maladaptive perfectionism）。

前者是對細節與表現有高度要求，但仍保有彈性與自我接納；而後者則是將錯誤視為失格，對自己極端苛刻、難以容忍失敗。2020年《美國心理學會》（American Psychological Association）一項研究指出，後者與焦慮、憂鬱與自殺風險有顯著相關。更值得警惕的是，這類完美主義者往往對他人寬容，卻對自己極為無情。這不是因為他們更有標準，而是因為他們從未學會如何用善意看待自己的不完美。

從神經心理學的角度來看，自我批判激發的腦區與威脅偵測系統相關，會啟動壓力荷爾蒙釋放與焦慮反應。而自我關愛則能活化大腦中的安全系統，促進催產素與正向神經傳導物質的生成。克莉絲汀‧內夫所提出的自我關愛訓練法，便是建立在這樣的理解上：當你學會以「你正在經歷困難，而非你是困難的根源」的角度看待自己，大腦也會隨之切換到較穩定的情緒狀態。

一位在醫療體系工作的資深護理師曾分享，她在疫情期間責任重大，每次失誤都會不斷回放那個瞬間。即使沒有實際後果，她也會對自己說：「妳怎麼這樣？妳怎麼會沒注意

2. 為什麼我們總是對自己最嚴苛

到?」直到她在參加一次正念認知療法（MBCT）的團體課程中，練習了一項名為「書面自我對話」的技巧，內容是根據課程指引寫下「面對壓力時，我會如何善待自己」。這種技巧強調不是情緒宣洩，而是訓練在困境中運用具體語言重建支持性語氣。她說，那封信她反覆讀了兩週，才慢慢覺得自己能用一種不同的方式與自己相處。

這並不是要我們放棄標準或降低要求，而是提醒我們：真正的進步不來自鞭打自己，而是來自相信自己值得被善待，即使還在學習的路上。當我們總是對自己嚴苛，我們的行動可能來自恐懼而非熱情，來自逃避失敗而非追求價值。這樣的動力長期下來，往往不是讓人成長，而是讓人精疲力盡。

要走出這樣的模式，並不需要立刻「愛上自己」，那太困難、也不自然。我們可以從停止一句話開始。例如：當你想說「我怎麼那麼蠢」時，先停下來問：「如果這是我朋友做的，我會這樣對他說嗎?」這樣的自我對話練習，並不是裝溫柔，而是訓練自己看見內在語言的真實影響。

我們經常以為，對自己嚴苛是一種負責任的表現，但真正的責任感，不是批判，而是陪伴。真正的支持不在於否定錯誤，而是在犯錯時仍能對自己保有尊重的語氣。下一次你想責備自己時，不妨先試著說一句：「我可以做得更好，但

第二章　懷疑自己時，更要看清自己

這不代表我不夠好。」

　　這不是退讓，而是一種更深的自我理解 —— 你不是永遠要被糾正的人，你也是值得被理解與支持的人。

3. 把焦點從證明價值，轉向感受價值

我們大多數人從小就被教導要努力、要優秀，因為那樣才「值得被看見」，才「有存在的價值」。這樣的教育方式雖然培養了成就動機，但也在潛移默化中，讓我們把「被證明」當作了價值存在的前提。我們很少問：「我能感受到自己的價值嗎？」卻總是問：「別人看到我了嗎？」

心理學家威廉・斯旺（William Swann）於1987年提出「自我確認理論」（Self-verification Theory），指出人們傾向於尋求與自我概念一致的外部反應，也就是說，我們不只想要被喜歡，更希望被「正確地認知」。換句話說，如果我認為自己有能力，我就會試圖讓別人也看到這份能力，這樣才能確認自己的價值存在。從這個角度看，「證明自己」並不是純粹的炫耀，而是一種深層的心理需求──我們希望自己不是孤立的，而是能被他人理解並認可的。

這樣的需求在現代社會被強化得更加徹底。我們的履歷、成績、社群媒體上的「讚」與「追蹤」，似乎都成了衡量自身價值的指標。於是，當我們暫時沒有好表現，或失去掌聲時，便會產生「我是不是變得無價值了」的疑問。久而久

第二章　懷疑自己時，更要看清自己

之，我們的行動開始從「我想做什麼」轉為「我做什麼能讓我顯得有價值」。

這樣的經驗，文學作家伊莉莎白・吉兒伯特（Elizabeth Gilbert）在她的 TED 演講中談得格外誠實。她在 2006 年出版了全球暢銷書《享受吧！一個人的旅行》（*Eat, Pray, Love*），名聲與銷量雙雙暴漲，但也陷入了另一種焦慮——她開始恐懼未來寫不出比這更成功的作品。她說：「我內心出現了一個聲音，它不斷提醒我：妳最好再創一次奇蹟，否則妳會失去現在的一切。」

她並不是在乎書評或銷量本身，而是在追求一種「讓價值持續被看見」的確證感。直到她意識到，這條路走下去只會讓創作變成焦慮來源。她最終選擇回到寫作本身，回到「創作讓我感受到活著」這個原點。她說：「如果我一開始寫作是為了被讚美，那我早就不會寫了。我寫作，是因為這是我與這個世界對話的方式。」

她的話提醒我們，證明價值是外向的，而感受價值是內向的。前者依賴於他人的回應與肯定，後者則源自於對自身選擇與行動的理解與認同。

這樣的觀點也與「自我決定論」（Self-Determination Theory）一致。理論提出者愛德華・德西（Edward Deci）與理查德・萊恩（Richard Ryan）指出，當人們的行動動機來自外

3. 把焦點從證明價值，轉向感受價值

部獎賞、他人期待或社會壓力時，容易出現壓力與倦怠；但若是來自內在價值、個人意義與自主選擇，則會帶來更穩定的滿足感與心理健康。

在心理諮商實務中也常見類似情境。許多來訪者並不是缺乏動力，而是陷入了「證明焦慮」的循環：不斷設定目標、不斷達成，卻總覺得不夠。當問起：「這個目標是你想要的，還是你覺得你應該要的？」他們常常沉默良久。因為當一個人太習慣在外界評價中尋找價值時，往往已經失去了對自己內在渴望的敏感度。

那麼，從證明轉向感受，具體是什麼意思？

並不是放棄努力，也不是拒絕回饋，而是調整行動的出發點。證明，是為了得到確認；感受，則是為了與自己建立聯繫。你仍然可以追求卓越，但不是因為你覺得現在的自己不夠好，而是因為你知道這件事對你有意義。

這也是為什麼在接納與承諾療法中，有一個核心練習叫作「價值導向行動」（Values-Based Action）。治療師會請當事人列出他真正重視的價值，例如：連結、創造、學習、自由，然後檢視日常行為是否與這些價值一致。這樣的練習幫助人們重新校準自己的動力來源，將焦點從「我要被誰看見」轉回「我想怎麼與世界互動」。

舉例來說，一位企業中階主管分享，過去他設下所有目

第二章 懷疑自己時，更要看清自己

標都是為了「讓老闆重視我」、「讓父母認同我選擇的路」。直到某次組織改組，他的主管被調走，新的主管完全不理解他的價值觀。他說：「我突然意識到，我這些年做的事，其實很多都是為了證明自己，而不是因為我真的相信它們重要。」這場失落雖然痛苦，但也讓他開始重新建構自己的價值選擇。他後來辭職轉往非營利組織工作，收入雖然下降，但他說：「我終於不用每天證明什麼，我是在實踐我相信的東西。」

這就是價值感的轉換，不再依賴「他人是否承認我做得夠好」，而是從「這件事對我有意義」中產生行動的能量。這樣的價值感不是空泛的安慰，而是一種真正能長期支撐行動的力量。

如果你曾經也問過「我這樣做是不是值得」或「我有沒有證明我不是失敗者」，那不妨換一個問題來問自己：「我做這件事，是因為它與我想成為的人有關嗎？」這個問題，也許不會馬上讓你變得有信心，但會讓你開始與自己重新對話，而不是只對世界發出呼喊。

證明價值是很辛苦的，因為它需要不停地站在舞臺中央、被看見、被讚賞；但感受價值，則是你可以在任何角落，靜靜地做你認為重要的事，即使沒有人看見，也能感到踏實。

4. 穩定內在信任，建立長期的自我肯定感

我們都知道，自信來來去去，有時因為一個好消息便大步向前，有時則因為一場批評就退縮不前。許多人以為，這種起伏是人生常態，但真正的問題不在於自信是否起落，而在於我們是否擁有「內在的穩定支點」。這個支點，並不是持續高昂的情緒，也不是強迫自己正向思考，而是一種溫柔但堅定的內在信任 —— 我知道我不完美，但我知道自己是可靠的、值得倚賴的。

心理學家邁克爾．凱爾尼斯（Michael Kernis）區分了兩種類型的自尊：一種是穩定型（stable self-esteem），另一種是波動型（unstable self-esteem）。前者的人即使在遭遇批評、挫折時，對自我價值的信念仍能保持一致；而後者的人則容易因外在事件起伏劇烈，今天表現良好就覺得自己「可以了」，明天遭遇拒絕就懷疑「我是不是沒用」。這種波動性自尊不只是心理壓力的來源，也容易造成過度防衛、情緒勞損，甚至社交回避。

那麼，我們該如何打造一個穩定的自我肯定系統？

歌手愛黛兒（Adele）在拿下葛萊美獎、全球銷量破億的

第二章　懷疑自己時，更要看清自己

高峰後，選擇暫時離開樂壇，引起廣泛討論。在多次訪談中，她提到自己在快速走紅後，逐漸感受到創作壓力不再來自內在熱情，而是為了回應市場與外界期待。這樣的認知促使她選擇暫別舞臺，重新調整生活節奏、接受心理治療、學習與自己對話。她在回歸後接受《Vogue》與 BBC 訪問時提到，新專輯《30》不再試圖感動世界，而是「寫給自己」的一封信，記錄她重新學會陪伴自己的過程。

這種「與自己說實話」的能力，正是內在信任的基礎。它的重點不在於你是否永遠有信心，而在於你是否在低潮時，還願意相信自己值得陪伴、值得支持。心理學家保羅‧吉爾伯特指出，我們每個人都存在三種主要的心理系統：驅動系統（Drive System）──達成目標、威脅系統（Threat System）──保護自己與安撫系統（Soothing System）──自我照顧。多數人發展了前兩者，卻缺乏安撫系統，也就是「與自己和平相處」的能力。當我們缺乏這一系統，就會在失誤後進行懲罰式自我對話，使自尊更難穩定。

這也讓自我關愛成為穩定價值感的重要練習之一。心理學家克莉絲汀‧內夫將自我關愛定義為三項要素的組合：自我友善（Self-Kindness）、共同人性（Common Humanity）、正念（Mindfulness）。也就是說，當你面對挫折時，願意用關懷取代責備，理解「失敗是人之常情」，並不因痛苦壓抑

4. 穩定內在信任，建立長期的自我肯定感

感受，而是有意識地與當下經驗共處。這並非放縱自己，而是提供自己一個安全基地、能夠重新站起來的地方。

然而，穩定的自我肯定感，不僅僅來自於思考方式的改變，更來自於行動習慣的建立。許多心理介入模型都證實，價值一致的日常行動，會強化個體對自我穩定性的認知。這與前一節所談的價值導向行動有所銜接，但在本節更進一步強調「行為重複性」的意義──當我們不再用情緒來衡量行動，而是根據價值來設計行為，就能減少價值感的波動。

舉例來說，一位大學講師曾分享她如何面對「教學沒共鳴」的時期。她說：「以前我會懷疑是不是我能力下降了，但後來我開始把焦點放在：我每次課前準備是否完整？我講的內容是否誠實？」這種對自我問責的方式，並非用來懲罰自己，而是幫助她確保自己的行動與價值相符。當她不再以學生回饋的高低評價自己，而是以「我是否活出我的價值」作為依據，她發現自我懷疑開始變少，疲憊感也降低了。

內在信任並非只在個體經驗中被培養，它也會受到關係的深層影響。心理學泰莉・艾普特 (Terri Apter) 研究指出，在家庭或親密關係中，許多人 (特別是女性與青少年) 容易將自我價值綁定於「被需要」或「維持他人滿意」。當關係中出現衝突、拒絕或冷漠時，這類人往往首先質疑的是「是不是我不夠好」、「是不是我讓對方失望了」。長期下來，他們

第二章 懷疑自己時，更要看清自己

很難發展出穩定的自我價值感，因為內在信任被迫建立在維持關係和諧的條件上。

這時，界線的建立就變得格外重要。當我們能夠在關係中劃出「什麼是我負責的，什麼不是」的明確區分，也是在實踐「我相信我值得被尊重」這個信念。界線不代表拒絕親密，而是拒絕用自我價值去換取安全感。一段成熟的自我關係，不是靠討好或順從換來的安穩，而是建立在你能夠在愛他人同時，也不拋棄自己的基礎上。

從實務經驗來看，建立內在信任還需一個核心元素：長期、溫和、可持續的自我對話。我們無法一夕之間讓自信變得堅不可摧，但可以每天練習一件事：不在心中喊打喊殺，而是逐漸將語氣換成陪伴。這並非逃避責任，而是從根本改變「與自己說話」的方式。

練習方式可以很簡單，比如每日寫一封「寫給今天的自己」的小卡，不一定要正向，但要誠實；或是在面對壓力情境時，停下來問自己一句：「如果我是我的朋友，我會怎麼安慰自己？」這些自我對話的片段，會在日積月累中成為內在穩定的養分。

內在信任並非一種「已建立就永遠存在」的狀態，它更像是一段關係──你如何與自己相處，如何在失敗時說話、在挫折時陪伴、在迷惘時仍願意相信：我雖未完全，但

4. 穩定內在信任，建立長期的自我肯定感

並不因此失去價值。

　　最穩定的價值感，不來自外在肯定的累積，也不來自單一成就的標記，而是你能否在不同階段裡，持續與自己合作，不以戰鬥姿態要求改變，而是以合作姿態陪伴成長。

第二章　懷疑自己時，更要看清自己

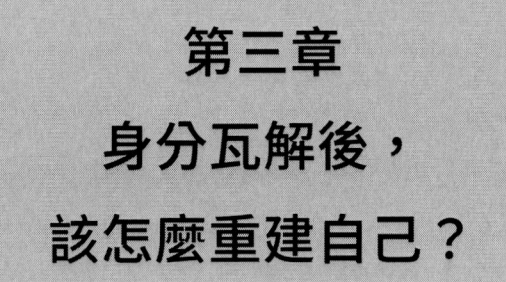

第三章
身分瓦解後,該怎麼重建自己?

■ 第三章 身分瓦解後,該怎麼重建自己?

1. 當熟悉的角色消失,自我感也會動搖嗎?

我們時常用這樣的語句來介紹自己:「我是工程師」、「我是一位母親」、「我在某某公司上班」。這些身分既是社會的標籤,也是我們習以為常的自我定義。角色並不只是我們扮演的工作或關係,它們更像是一面鏡子,反映出我們是誰、如何被看見、被需要、被定位。但如果有一天,這些角色突然消失,我們還知道自己是誰嗎?

心理學家帕翠西亞・林維爾(Patricia Linville)於 1985 年提出「自我複雜性理論」(Self-complexity Theory),指出一個人擁有的自我面向越多元,當其中某一個角色失效時,其整體自我感受到的衝擊就越小;反之,如果我們過度依附在某個角色上,那麼當它被抽離,就會產生心理上的失衡、空白與動搖,甚至陷入價值解構的危機。

這樣的震盪,在真實生活中並不罕見。一位女性在長達七年期間,幾乎全職照顧年邁且逐漸失能的母親,日常生活完全圍繞著就醫、飲食、衛護與情緒安撫。她坦言,當母親過世之後,她第一時間感受到的不是悲傷,而是一種完全無法定位自己的茫然。她說:「我已經不是照顧者了,但我不

1. 當熟悉的角色消失,自我感也會動搖嗎?

知道我還剩下什麼。我每天早上醒來沒有要做的事,也沒有人等我幫忙,那我還是誰?」

這段話點出了許多人在角色終止時的內在困境:當身分結構瓦解,心理自我也會隨之動搖,甚至無法即刻重組。照顧者的角色通常被視為關係性的延伸,但當這個關係結束時,人也可能瞬間失去與自我感的連結。不再有人依賴,也意味著不再有某種被需要的價值,而這樣的空缺,難以靠行事曆填滿,更難用社會框架中的其他角色來即時遞補。

運動員西蒙・拜爾斯(Simone Biles)在 2021 年東京奧運期間宣布退出多項比賽,引發全球關注。她在公開聲明中指出,「我覺得我不再是為了自己而做這個了,我做這一切好像都只是為了其他人」。這個表白震撼人心,因為她不是因傷退賽,而是因為一種深層的自我分離感 —— 當一個人被長年定義為「頂尖體操選手」時,這個角色不再讓她感到自由,而是讓她逐漸失去與自己真實情感的連結。後來她接受《紐約》(*New York Magazine*)訪談時坦承:「我想重新了解,我除了體操,還是誰。」

這類身分瓦解的經驗,往往不來自外在衝擊本身,而來自我們內部長期將自我價值綁在特定角色上。社會心理學的「角色理論」指出,我們在日常生活中習慣透過功能性角色來界定自己,這在社會互動中是必要的,但一旦角色的功能

第三章　身分瓦解後,該怎麼重建自己?

被剝奪(如離職、失婚、退役、喪親),我們就容易陷入「無角色狀態」(role void)。這個狀態常伴隨強烈的不安全感,因為我們突然發現:我不是誰的同事、不是誰的照顧者、不是誰的配偶,那我還剩下什麼?

這也是為什麼許多人的身分危機,往往出現在變動時期 —— 孩子長大不再依賴、伴侶分開、職涯被迫中斷。這些表面上的「結束」實際上動搖的是自我認同的根基。我們不是失去了那個角色,而是失去了透過那個角色來理解自己的方式。

但這並不意味著我們要否定這些角色的重要性。它們曾經是真實的、有效的,也確實在我們生命中發揮過定位與意義的功能。問題在於,當角色與自我產生高度重疊,我們就容易把「角色的價值」誤認為「我的價值」。也因此,角色的終止會讓我們錯誤地以為「我整個人也沒了」。

身分危機之所以令人痛苦,並不是因為失去了什麼具體條件,而是因為我們短時間內失去了「一貫的自我感」(sense of coherence)。社會學家亞倫‧安東諾夫斯基(Aaron Antonovsky)提出這一概念,用來說明人們在生活中需要一種內在邏輯 —— 讓我們相信自己的人生是可理解的、有秩序的、有延續性的。當角色瓦解,自我敘事也會斷裂,我們會陷入一種語言無法立即敘述的混亂狀態。

這種狀態不只能發生在年長者或職業身分明確者身上，對於年輕世代來說也同樣真實。許多剛畢業或剛轉職的年輕人，也會經歷「不是學生了，但還不是專業人士」的模糊階段。他們在過去 20 年中始終在制度中有明確角色指引，突然進入沒有劇本的狀態，內在就容易產生焦慮、否定與自我貶抑。這不是因為不夠堅強，而是因為我們從未被教導：怎麼在角色空白時繼續相信自己。

　　那麼，該如何面對角色瓦解後的心理動搖？

　　首先是辨識：辨識自己是不是把自我價值完全依附在某個身分上？辨識自己是否害怕的不是變動，而是沒有語言可以說明變動後的自己？這個辨識的過程不需要立即答案，但可以為轉型鋪出路徑——我們從來不是只有一種身分，但要真正相信這句話，通常需要在舊有身分消失後，重新探索。

　　接著，是允許：「允許自己迷失」、「允許自己對原來的角色仍有依戀」、「允許自己還沒有新的名字可以介紹自己」。這些看似被動的語句，其實是一種抵抗慣性定義的主動練習。當我們太快用新角色去掩蓋失落，往往只是短暫麻醉，並沒有真正走過轉變。

　　最後，是開啟——不是立刻重新定位自己，而是開始與自己對話。你可以問：「現在的我在經歷什麼？這份經歷，

■ 第三章　身分瓦解後，該怎麼重建自己？

與我過去的故事有什麼關聯？我能不能不急著找出答案，而是先學會聆聽？」

　　身分的重建不會一蹴可幾，但角色的消失也不代表我們就此失去價值。當一個身分結束，我們所失去的可能是一段敘述的語言，但我們還擁有感受、選擇與行動的能力。而這些，就是用來重寫敘事的素材。

　　也許下一個自我還沒出現，但只要你願意停下來聽聽自己還在說什麼，那個「你是誰」的答案，就會在沒有人催促的時候，慢慢浮現。

2. 拿掉標籤之後，我還剩下什麼？

在社會化的過程中，我們從未被鼓勵用自己的語言定義自己。大多數時候，是外界先替我們貼上各種標籤：職位、關係、成就、外貌、性別、性格、表現。我們熟練地使用這些標籤與他人互動，久而久之，甚至連對自己的認知，也變成這些標籤的組合。這些名詞確實能讓生活變得有秩序，但也可能讓我們誤以為，標籤就是我、頭銜就是我、角色就是我。

直到有一天，那些標籤被剝除、消失或不再適用，我們才驚覺：沒有那些名稱，我還剩下什麼？

社會心理學家亨利・泰菲爾（Henri Tajfel）與約翰・透納（John Turner）在 1970 年代提出「社會認同理論」（Social Identity Theory），指出一個人的自我價值感，往往來自所屬的群體或角色，這種認同感提供歸屬與意義，但也可能造成過度同一化──也就是將「我是什麼身分」與「我是誰」混為一談。

這種混淆常見於重大轉變之後：失業、離婚、離職、退役、移民、生病、轉換宗教，甚至當一個人從「總是被需要

第三章　身分瓦解後，該怎麼重建自己？

的人」轉變成「沒人再依賴自己的人」。當這些社會或關係標籤不再，我們原本熟悉的自我定位系統也會瞬間瓦解，留下的是語言斷裂與情感失焦的落差。

小說家奧爾嘉・朵卡萩（Olga Tokarczuk）在一次演講中談到：「我們太習慣用既有概念快速地認識一個人，卻很少慢下來問，這個人是怎麼成為現在的樣子。」她說這句話時，談的是文化中的敘事暴力，但它同樣可以用來理解我們對自己的標籤依賴──我們不斷用「我是媽媽」、「我是創辦人」、「我是癌症病患」、「我是LGBTQ+族群」等語言組裝自我，卻忽略了，這些身分背後的經歷、質地與主體性才是真正的核心。

一位曾在非營利組織工作十年的女性在離職後經歷了一段極端的迷惘期。她原以為離開只是換個跑道，卻沒想到每天醒來都像是失去座標。她說：「以前參加聚會時大家會問我做什麼，我總是可以很自然地說出我的職位，然後接著談理念、談工作。但離職後我突然發現，我不曉得怎麼介紹自己。不是因為我不願意談未來，而是我連現在都不知道怎麼描述了。」這段話揭示的不只是身分焦慮，而是一種深層的語言斷裂──我們早已習慣用社會可接受的話語包裝自我，卻從未建立真正屬於自己的內部敘事。

心理學家丹尼爾・麥克亞當斯在其「自我敘事理論」中

2. 拿掉標籤之後,我還剩下什麼?

提出,人的自我感是由一連串對過去的解釋與對未來的想像所構成的敘事結構,而不是某個靜止不變的「本質」。這也意味著,當社會標籤失效,我們所要面對的,不是「找回原來的我」,而是「重新編排故事的語序與語氣」,甚至發現有些章節其實可以改寫、有些主角根本不該主導。

這樣的敘事轉換在心理治療中也有具體實踐方式。例如在接納與承諾療法中,就有一項名為「價值澄清書寫」(Values Clarification Journaling)的練習:個案會被引導寫下在沒有任何角色束縛或外界期待下,自己真正重視的事情是什麼——不是「我是什麼身分的人」,而是「我想如何對待他人」、「我希望自己在困難時保有什麼原則」、「我如何與這個世界互動」。這樣的書寫並不強調自我肯定,而是讓人從角色束縛中抽離,重新發現行動與價值的連結。

許多從職場、家庭或文化角色脫離的人,在初期都會經歷這樣的練習困難——因為當語言已被身分壟斷太久,真正屬於自己的句子一時難以浮現。但也正是透過這樣的文字練習,人們開始慢慢意識到:原來我不是某個角色之後的「空殼」,而是本來就有自主選擇與行動能力的存在者,只是過去被過度包裝成功能。

回到前述那位離職的女性,她後來經歷了一段過渡期。她開始學習花藝,不是為了轉職,而是單純為了探索手作過

第三章　身分瓦解後,該怎麼重建自己?

程中是否能恢復某種節奏感。半年後,她說了一句話令人動容:「我發現我從來不是『非營利工作者』這個身分而已,我是那個喜歡與人連結、喜歡構築共識、喜歡讓混亂有出口的人。」這段自我描述,已經不再依賴社會語言,而是經過沉澱後產生的主體語彙。

在這樣的過程中,我們會發現一個核心事實:自我並不是一張標籤牆,而是一組會呼吸、會變形、會流動的結構。標籤也許有其必要,但我們需要練習讓自己「不被標籤窒息」。我們要的不是撕掉所有定義,而是知道,在定義消失後,我依然可以認得我自己。

當一個人學會用更寬的視角了解自己,就會發現:我不是哪一個角色的總結,而是這一段段經歷所形成的流動體。我是曾經堅強、也曾崩潰的那個人,是曾經成功、也曾迷失的那個人。而這樣的我,不需要透過頭銜才能被理解,也不需要透過標籤來確認存在。

3. 用「重塑」而非「復原」的眼光看待轉變

當我們經歷一場重大變動，第一個本能反應，往往是「我想回到原來的狀態」。這種渴望很自然——我們熟悉那個過去的自己，那些關係、習慣與角色組成了我們所了解的生活結構。但問題是，有些事情一旦改變，就再也無法「復原」。我們不是不能繼續前進，而是無法以過去的框架繼續生活。這時，我們需要的，不是修補，而是重新定義：不是復原，而是重塑。

心理學上，這樣的轉換與「創傷後成長」（Post-Traumatic Growth, PTG）理論密切相關。PTG 並不是樂觀的包裝，而是一種實證觀點：有些人面對重大創傷後，反而會產生新的生活哲學、更深的自我認知與更堅定的價值觀。理論提出者特德西與卡爾霍恩（Tedeschi & Calhoun）指出，真正的成長不是回到「事件發生前的狀態」，而是從斷裂中長出新的自我理解。

這種理解之所以困難，是因為社會文化往往強調「恢復原狀」。不論是疾病康復、職涯重整、婚姻挫折後的調適，主流語言總是習慣問：「你現在有沒有恢復正常？」這句話

第三章　身分瓦解後，該怎麼重建自己？

背後隱含的前提是：「曾經的你」才是標準，當下的你是一種暫時的偏離。然而，這種思維無形中讓人無法接受當下的樣貌，也忽略了變化帶來的創造力。

2021 年，梅根・馬克爾（Meghan Markle）在離開英國皇室後接受歐普拉（Oprah Winfrey）專訪，坦言自己在王室體制內逐漸失去自我，甚至曾經深陷心理困境。梅根直白地說，那段時間她反覆浮現「我不想再活下去」的念頭，那是一種清晰、真實且讓人不寒而慄的想法。這場訪談掀起全球關注，也讓她卸下皇室身分後的選擇 —— 投入社會倡議、創立媒體品牌、發行個人 Podcast 節目《*Archetypes*》 —— 有了明確的敘事脈絡。

馬克爾沒有「回到原來的自己」，而是「過一種能自己定義的生活」這不是從風暴中回頭，而是選擇走向另一條敘述的方向 —— 不是復原，而是重塑。她拒絕讓皇室身分成為唯一可供參考的版本，選擇建立屬於她自己的語言空間與生活節奏。

這種轉變不只是情緒的調整，更是一種語言與視角的調動。語言學家喬治・萊考夫（George Lakoff）研究發現，我們使用的語言結構會影響我們的認知模式。當我們一再使用「修復」、「恢復」、「恢復元氣」這類詞語時，其實也在告訴自己：「現在的你不完整」，而這樣的語言會強化羞愧感與

3. 用「重塑」而非「復原」的眼光看待轉變

焦慮。而當我們轉向使用「轉化」、「探索」、「形塑」、「再定義」時，大腦也會開始產生新的連結方式，這不只是文風的不同，而是真正的認知重組。

有位曾經歷家庭破裂與生涯終止的作家，在一次正念取向的治療中學到一個技巧——「轉化式重述」(transformational reframing)，也就是不強迫自己說出「我很好」、「我走出來了」，而是說：「我現在還在整理，但我知道這是我故事的一部分。」這樣的句式不是讓人變得更強，而是讓人不再把破碎視為恥辱。她說：「我學會不把自己當作壞掉的器皿，而是把我經歷的每一處裂痕當作素材。」

這種語言的轉變，讓她後來以不同方式繼續創作，不再執著於回到「那個得獎作家」，而是成為「能說更多不同故事的人」。這不是失敗的補償，而是一種敘事上的重整。她沒有重建舞檯，而是換了一個更適合自己呼吸的空間。

從心理治療角度來看，「重塑思維」需要的不是積極，而是寬容——對當下的狀態給予更多耐性。人史蒂文・海耶斯指出：「改變的第一步不是選擇，而是允許。你要允許這個經歷在你生命中存在，然後再決定你想怎麼行動。」這句話之所以重要，是因為它讓我們從「為何我會變成這樣」的自責中抽離，轉向「我現在可以怎麼走下去」的創造力。

也因此，重塑並不等於從頭來過。它的意義在於承認歷

第三章　身分瓦解後,該怎麼重建自己?

史、保留痕跡、轉化形式。心理學家詹姆斯·瑪西亞（James Marcia）曾在自我發展理論中強調,身分的重建不在於擁有明確答案,而是持續進行選擇與檢驗的過程。也就是說,我們可以不急於定義自己,但不能放棄選擇的能力。

一位企業轉型顧問曾說,他在轉職前常問自己:「這是不是我過去從未想像過的選擇?」但後來他學會改問:「這是不是我希望未來能成為的一部分?」他發現,從評估「是否偏離原本的自己」轉向「是否貼近我渴望成為的人」,讓他開始用前進的語言看待轉變,而不是用懷舊的語言檢查偏差。真正的重塑,發生在我們開始不再把變化當作災難,而當作素材;不再把痛苦當作例外,而當作故事的一部分;不再把不熟悉的自己當成失敗者,而當成另一種正在生成的存在。

也許我們無法回到從前,也不一定能抵達一個明確的新目標,但只要我們願意用更開放的語言去談論自己、用更柔韌的心態去理解變動,那麼,生命的確就有了被重塑的空間。

4. 給予自己全新的定位，而非過去的延續

當我們經歷了身分的解構、自我語言的轉化與價值的重新排列，最終都會來到這個問題前：「那麼，從現在開始，我是誰？」這不再是面對失落的防衛性問題，而是一種探索性的提問。與其尋求一個可以繼承的標籤，不如思考：「我可以怎麼開始建立一個由自己定義的定位？」

詹姆斯・瑪西亞在其自我認同發展理論中提出四種認同狀態，其中最成熟的階段稱為「定向型認同」（Identity Achievement），指的是個體在經歷探索與質疑後，基於自身價值與選擇，主動確認自己是誰、想成為誰。這不是一種突然的覺醒，而是一個反覆推進、退回、再整合的過程。在這個過程中，我們不再追問「我還是不是以前的我」，而是開始建立新的準則與敘事，讓自我從過去的延續中走出來，而不是被其定型。

這樣的轉變不只是心理上的概念重整，也需要透過具體選擇來實踐。自我認同理論指出，當個體面對身分失落，若能主動進行價值澄清與角色重組，就可能從「困惑」進入「重構」階段，也就是一種主體性建立的歷程。這種定位方

■ 第三章　身分瓦解後，該怎麼重建自己？

式，不再以過去的角色延續作為標準，而是問自己：「我現在願意依據什麼價值來行動？我想如何存在於這個階段的生命裡？」

　　英國演員兼導演珊曼莎・摩頓（Samantha Morton）便是這樣的實例。她童年時曾歷經寄養系統內的暴力與忽視，長期處於社會邊緣。成名後，她起初鮮少談論這些經歷，但在2022年，她主導並參演了影集《I Am Kirsty》，以劇情形式處理童年創傷與女性階級困境。在接受訪問時，她說：「我過去試著掩藏童年，現在我用影像說出它——不是為了傷痛，而是為了控制敘事。」她強調自己不是要「回到過去的樣子」，而是讓那些破碎成為建構新身分的素材。

　　她的作品與訪談語言不再圍繞「復原」，而是直接面對經驗、轉化語言、建構視角。她說：「我不想被認出是『那個受害者演員』，我想創造讓其他人看到出路的空間。」這不是為了自我標榜，而是重新選擇：她要的身分不是同情的延續，而是轉向的主導。這就是認同的重新承諾——不是回到某個熟悉的定義，而是自己說出新的定義。

　　許多人誤以為「新的定位」是一種徹底的翻頁，好像從此必須與過去切割，但實際上，新定位的成熟關鍵在於如何保留過去的素材，並將其重新整合為當下可用的資源。你不需要否定自己曾經是誰，而是要決定哪些部分你願意繼續攜

4. 給予自己全新的定位，而非過去的延續

帶、哪些部分可以暫時放下。這是一種重新選擇的自由，而不是重新起點的壓力。

例如，一位離婚後選擇搬離原城市的女性，在一次心理諮商中這樣形容自己的狀態：「我不是在逃避，而是想重新學習在沒有婚姻角色的狀態下，我的生活還有什麼節奏。」她開始嘗試新的社交活動、接受從未涉獵的工作型態，也試著重新定義家庭──不是血緣連結，而是情感支持與價值共鳴。她說：「我不想再被問『妳怎麼從那段關係走出來』，我想談的是：我怎麼活出了一段新的故事。」

真正的定位不是取代，而是選擇；不是拋棄過去，而是承認它並不再主導現在。也許你曾是別人的依靠、某個團隊的核心、某個家庭中的支柱，但現在的你，仍然可以在另一個結構中重新發揮影響力，只要你願意不再用舊角色的語言思考自己的價值。

心理學家蘇珊・哈特（Susan Harter）在其研究中指出，自我是一種「多層系統」，個體擁有多重面向，會根據不同情境啟動不同子系統。真正穩定的身分不是單一角色的延續，而是你能否辨識、選擇並組合出當下想發揮的那個自己。當人們能跳脫「我是誰」的單一答案，而學會說：「我現在選擇成為這樣的人」，就是主體定位的展開。

這樣的練習可以從語言開始。例如有一種簡單卻有效

第三章　身分瓦解後，該怎麼重建自己？

的方法，是用「我選擇⋯⋯因為⋯⋯」的句式取代「我必須⋯⋯」的語言。像是：「我選擇接受這份工作，因為我想練習信任自己的決定」，或「我選擇花時間獨處，因為我知道我需要整理情緒」。這樣的語言會逐漸讓行動與價值重疊，減少「我只是被動承接角色」的心理狀態，而轉向「我是正在選擇角色」的認同。

語言是身分的媒介，我們必須從語言開始讓變化成為可能。當我們不再說「我不是以前那個我了」，而是說「我正嘗試讓現在的我更貼近我的價值」，那就意味著自我已開始轉向主體主導，而非過去延伸。這個語句的轉換，看似微小，實則是心理建構上的巨大差異。

最終，我們終將發現，人生真正的困境，不是在變動中失去了誰，而是在變動之後，遲遲不敢承認：我可以決定我是誰。而當你有勇氣這麼做，你就已經站在重塑故事的位置上，帶著過去給你的所有傷痕、學習與力量，給自己一個真正屬於當下的、嶄新的定位。

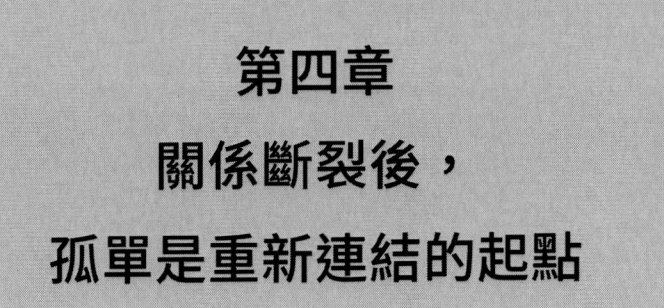

第四章
關係斷裂後，
孤單是重新連結的起點

第四章　關係斷裂後，孤單是重新連結的起點

1. 關係的終止，為什麼會動搖我們的價值感？

不是所有的失去都來自死亡，有時關係的終止，比死亡更像一種失重。當一段關係結束——無論是分手、離婚，還是漸漸淡去的朋友，我們常會感到一種說不出口的掏空感，不只是對方不見了，而是自己也好像跟著消失了一部分。這種心理上的鬆動，有時甚至比痛苦本身更讓人不安。

關係終止之所以會動搖一個人的價值感，並不只是因為孤單，更深層的原因是：我們早已在那段關係中，把自己的某一部分交了出去。

心理學家查爾斯・庫利（Charles Horton Cooley）在 1902 年提出「鏡中我」（looking-glass self）的概念，認為我們對自己的認知，很大程度是來自他人如何看待我們。我們從他人的眼神、語氣、反應中建立自我印象。當這面「鏡子」破裂了，我們也會失去一部分「我是誰」的感覺。

這就像我們早上照鏡子時，突然發現鏡子不見了，我們並不會立刻覺得自己消失，但我們會變得不確定：我現在看起來是什麼樣子？這種不確定感，就是關係終止後最令人痛苦的地方。不是因為失戀本身多麼劇烈，而是因為我們失去

1. 關係的終止，為什麼會動搖我們的價值感？

了用來確認自己的「那個人」。

一位曾在關係中被長期依賴的中年女性，在離婚後接受心理諮商時說：「我不是難過沒人陪，而是不知道自己現在還算不算是一個有用的人。」她在婚姻裡擔任照顧者、管理家庭、維繫兩邊的親戚情誼，這些角色給了她明確的位置感。一旦這段關係結束，她突然不知道自己要怎麼定義生活裡的存在感。

這樣的情緒不是少數人的特殊經驗，而是心理結構上的普遍現象。依附理論（Attachment Theory）指出，人與人之間的情感連結會內建成「自我模型」的一部分，尤其是在長期親密關係中，對方的存在不只是伴侶或朋友，更成為我們用來定位自我價值的參照系。當這個參照系崩解，我們內部的結構也會出現不穩。

這不只是關係的問題，而是「我是誰」的問題。

更棘手的是，我們會不自覺地將關係終止，解釋成自我失敗的證據。明明是兩個人的互動過程，卻很容易變成單方面的自我質疑：「是不是我不夠好？我是不是做錯了什麼？是不是我不值得被愛？」這種價值感的自我攻擊，往往不是來自事實，而是來自一種我們早已內化的評價模式。

這也是為什麼在關係結束後，我們最需要的，往往不是慰藉，而是重建「我與自己之間」的對話。心理學家卡倫‧

第四章　關係斷裂後，孤單是重新連結的起點

荷妮（Karen Horney）認為，自我價值感來自「內在的自我接納」，而非他人評價。然而，在失去關係的階段，我們內心那個自我對話者往往是缺席的，因為它過去太習慣透過對方的肯定來說話。

那麼，我們要怎麼重新建立這個內部語言？

第一步，是允許自己承認那份「不是因為對方離開我痛苦，而是因為我失去了與自己確認的方式」的焦慮。這不是自我中心，而是一種真實的心理結構需求。如果我們長期習慣透過關係中的角色來界定自己的重要性，那麼角色消失後，我們自然會失去一部分方向感。

但這也正是一個新的起點。

重新建立價值感，不是靠下一段關係來填補，而是先暫停對自己的否定。心理學家蘇珊‧哈特在其「多重自我系統模型」中指出，人的自我不是單一結構，而是由許多子系統構成，例如工作者的我、朋友的我、戀人的我、獨處的我⋯⋯我們在不同關係中啟動不同的自我面向。當一段關係結束，並不等於整體自我被否定，只是某一個面向失去了對話對象。

這其實就像一個交響樂團少了一個樂器，樂團依然存在，只是要重新調整編制與節奏。關鍵不是填補那個空位，而是讓其餘部分重新奏響。

1. 關係的終止，為什麼會動搖我們的價值感？

日常生活中，我們可以從一句話開始這樣的練習：「即使我現在不是誰的誰，我仍然是我。」這句話聽來簡單，實際上卻有助於把價值感從角色中拉回到個體身上。它讓我們不再依附於「關係中的定位」，而是逐步恢復「獨立存在的自我」。

另一個實用的方式是「反向確認練習」——每當你因為失去某段關係而產生懷疑時，試著寫下三件你做得不錯的事，不是為了證明你不孤單，而是讓自己看見：即使沒有那個人，你依然有能夠照顧自己的能力。這種微小的行動，是自我價值回復的日常養分。

當我們開始不再將價值寄託在關係是否成功上，而是看到自己在關係中投注過什麼、表現過什麼、承擔過什麼，我們就開始慢慢找回了那個獨立於關係之外，依然完整的自己。

你不是因為一段關係結束而變得不夠好。你只是失去了那個曾經回應你價值的人。而現在，你有機會學習如何自己回應那份價值。

這正是孤單的真正意義：不是失落，而是回到自我對話的起點。從這裡開始，價值感不再依賴誰在你身邊，而是來自你怎麼選擇看待自己。

■ 第四章　關係斷裂後，孤單是重新連結的起點

2. 傷心不是軟弱，是愛的證明

在關係斷裂的那一刻，多數人經歷的第一個情緒，不是釋懷，不是自由，而是疼痛。那種痛不是劇烈的撕裂，而是一種連呼吸都帶有重量的沉重。即使關係已經無法維持，甚至理智上知道離開是必要的，情感依然無法跟上。

這樣的傷心時常讓人懷疑：「我是不是太軟弱了？是不是不夠成熟？是不是應該早點放下？」

但其實，悲傷不是我們沒走出來的證明，而是我們曾經真心投入過的證據。它不是一種缺陷，而是一種記憶的回聲。

心理學家瑪格麗特·史卓比（Margaret Stroebe）與亨克·舒特（Henk Schut）提出「雙重歷程理論」（Dual Process Theory），指出悲傷的歷程並非線性前進，而是在「失落導向」與「重建導向」之間擺盪。這代表：我們可以在某一刻感覺到釋懷，下一刻又再次陷入悲傷。這不是反覆無常，而是悲傷的自然節奏。

有些人會焦慮地說：「我以為我已經好一些了，怎麼今天又突然難過？」其實這樣的情緒回潮，不是復發，而是愛與失落在心理系統中重新整理的過程。

2. 傷心不是軟弱，是愛的證明

想像一下，我們的大腦像是一個龐大的檔案庫，過去與對方的回憶被分門別類存放在其中。而當關係終止，那些檔案突然變得無所歸屬——生日、旅行、對話、日常細節……這些都不再有未來可以續接。悲傷，就是我們試圖幫這些記憶找個位置放回去的努力。

在心理治療領域，有一個重要的轉變：從「切斷情感連結」的觀點，走向「延續性連結」（Continuing Bonds）理論。這個理論認為，我們並不需要完全斬斷與逝去或離開的人之間的情感，而是要學會以新的方式繼續與那段經驗共處。

這種觀點的轉變，幫助我們擺脫那種「你應該早點放下」的壓力。不是每段關係的結束都需要快速乾淨，有些關係會以另一種形式繼續存在於我們心裡，例如一首歌、一段話、一次夢境中的對話。

一位青年作家在經歷一場突如其來的分手後，一度無法再提筆。他說：「我不是寫不出來，是不知道還能對誰說話。」直到半年後，他在一次公開對談中坦承：「我後來明白，我之所以會這麼傷心，是因為我真的很用力地愛過。」這樣的話語不是懦弱，而是一種坦白。悲傷，是愛的證明，不是愛的失敗。

有時候我們會在悲傷中逼迫自己要堅強，尤其在面對他人關心時更是如此。「我很好」、「沒事了」這類話語往往出

第四章　關係斷裂後，孤單是重新連結的起點

於保護，但長期下來也可能讓我們壓抑那些尚未被承認的情緒。悲傷被延後處理，反而會在某個毫無預警的時刻捲土重來。

正念取向的心理治療強調，悲傷的處理不是靠「控制」，而是靠「允許」。允許自己悲傷，不代表沉溺，而是一種自我誠實。「我們不是因為脆弱才會傷心，而是因為我們能夠愛。」這句話的意涵是，感受到痛苦，不是我們沒辦法放下，而是因為那段關係曾深深與我們的情感系統連結。

日常生活中，悲傷往往以不明顯的方式存在——突然的一段空白、熟悉場景下的情緒起伏、看到對方常用表情符號時心頭一緊……這些微小情緒，都是「情感延續」的一部分。我們之所以會痛，並不是錯，而是因為那些記憶曾經是活著的、熱的、有回應的。

許多人在悲傷時，會被告知要「放下」。但其實更健康的方式，是學會「改放」：不是丟掉，而是放在心裡的另一個位置。從過去的依附轉為內部的陪伴，從關係中的對話轉為自我記憶中的存在。這樣的悲傷是被承認的、被允許的，也是最終能夠整合的。

有位失去母親的女性在一次訪談中說：「我現在不再等她打電話給我，但我還是會在煮飯時想到她教我哪道菜。這不是放不下，而是我決定讓她繼續活在我的日常裡。」這樣

2. 傷心不是軟弱，是愛的證明

的語言，正是悲傷轉化為連結的證明。

有時候，最困難的不是承認我們還在傷心，而是面對外界期待我們「已經好起來了」的壓力。人們對悲傷有著極短的耐性，總希望你快點重整、快點振作。但真實的心理復原，從來不是依時間表計算的。

我們可以選擇自己想怎麼記住對方，也可以選擇用什麼節奏來回應情緒。也許今天你還在哭，明天你會笑出聲來，後天又可能落入空白——這都沒有錯。你不是情緒反覆，而是情感誠實。

傷心不是軟弱，也不是倒退，它只是提醒我們：曾經有一份真實的情感存在。而這份存在，沒有被關係的終止抹去，而是在另一個形式中，繼續讓你感覺到你曾經愛過，也曾被愛過。

我們不需要為悲傷辯解，它本身就是一種愛的延續。而當你願意為這份悲傷保留空間，也就為自己重新感受世界的能力，留下了一扇門。

第四章　關係斷裂後，孤單是重新連結的起點

> 3. 練習獨處，
> 是學會自我照顧的開始

　　許多人在關係結束後最不習慣的，不是情緒的起伏，而是空間的寂靜。從兩人餐桌到一人晚餐，從習慣有人接送到獨自搭車上下班，這些原本細微的日常場景，突然變得放大、清晰。我們會說：「一個人吃飯好孤單」、「一個人出門沒意思」，但這些話的背後，藏著更深的問題——不是「我不能一個人」，而是「我不知道該怎麼獨處」。

　　孤單常被視為一種負面經驗，但心理學上，「獨處」與「孤立」其實是兩種截然不同的狀態。孤立是被迫切斷連結，獨處則是主動與自己在一起。問題不是在於外在是否有他人，而在於你是否能在沒有他人的時候，仍然感覺自己是完整的。

　　心理學家海因茨・科胡特（Heinz Kohut）在其自體心理學（Self Psychology）理論中指出，人格的穩定性來自於內化他人支持的能力，也就是「我不再需要對方在場，也能感受到我被照顧、被理解」。而這份內化歷程的開始，往往發生在我們學會與自己共處的時候。

　　這種能力，不是天生就有，而是需要練習。

3. 練習獨處,是學會自我照顧的開始

練習獨處,並不等於抗拒人群,而是重新安排內外世界的比例。當我們長期習慣把所有注意力都投注在他人身上,例如維持關係、回應期待、處理情緒連結,一旦這些關係終止,我們會發現自己不知道該如何安放這些本來屬於他人的關注力。

一位年輕女性在一段長期依賴型戀情結束後,突然搬出與伴侶共享的公寓,開始了獨居生活。她說:「剛開始我連晚餐都不知道要吃什麼,因為以前都是他決定的。」她以為自己習慣了自由,但真正面對的,是生活細節中的空白。幾週後,她開始每天寫日記、下班後散步、嘗試簡單料理。她說:「我不是學會了一個人過生活,而是學會了怎麼照顧自己。」

這個轉變看似平凡,實際上卻是情緒系統的重大重組。從「有人照顧我」到「我可以照顧我自己」,不只是生活技能的學習,而是價值感與安全感的內部重構。

心理學者西德尼・喬拉德(Sidney Jourard)提出「自我揭露理論」(Self-Disclosure Theory),原本用於人際溝通,但其概念也可應用於我們與自己的關係。他認為人之所以能夠穩定,是因為有能力在安全關係中「說出真實的自己」。而獨處,正是我們能夠進行這種「對自己說真話」的最佳場域。當沒有他人的反應干擾,我們才能聽見那些平常不願承

第四章　關係斷裂後，孤單是重新連結的起點

認的聲音。這種內在誠實，不只是療癒的起點，也是自我照顧的開始。

但為什麼這麼多人害怕與自己獨處？

2014 年，哈佛大學與維吉尼亞大學心理學研究團隊發表一項實驗，指出：超過一半的受試者無法忍受在沒有手機、書籍或他人陪伴的情況下，靜靜地坐著思考超過 15 分鐘。甚至有超過三分之一的男性參與者，寧可選擇接受電擊，也不願繼續與自己獨處。這項研究讓人震驚，也揭示了現代人對寂靜與自我接觸的焦慮程度。

這並不是因為我們無法獨處，而是因為我們從未被教導該怎麼面對獨處中浮現的那個自己。當你靜下來，你會聽見焦慮、懷疑、悔恨、羨慕、責備，這些聲音都沒有過濾。可正因如此，才需要有人學會不逃避地聆聽它們——而這個「人」，就是你自己。

生活中，這樣的練習可以很簡單。從嘗試一人晚餐、一人看展、一人旅行開始，不是為了展現獨立，而是為了傾聽：「我今天過得怎麼樣？」、「我現在想做什麼？」、「我能不能不責備自己地度過這段時間？」

許多人在剛開始獨處時會有一種慌張感，好像需要趕快填補空白。但事實上，獨處並不需要被填滿。它可以是模糊的、鬆散的、沒有明確任務的。真正的目標，不是完成什

3. 練習獨處,是學會自我照顧的開始

麼,而是建立一種「我與自己在一起」的熟悉感。

你不需要馬上覺得舒服,但你可以允許自己慢慢變得不那麼不舒服。就像學習一種新的語言,初期總是會有些不自然,但只要持續說、持續聽、持續陪伴自己,某天你會突然發現,你已經開始能用這種語言與自己對話。

獨處的養成,最終會讓我們多一份選擇權:不是非得有人陪不可,也不是要拒絕關係,而是當世界安靜下來時,我仍然能靠近自己。

當你能在夜深人靜時,泡一壺茶、關掉手機、與自己一起坐一會兒,不用自我說服、不急著填補、不害怕靜默,那不是孤單,那是一種新的力量。

練習獨處,不是學會孤立,而是學會照顧那個曾經只會依賴、只會等待、只會擔心被遺棄的自己。

因為唯有在能夠陪伴自己的時候,我們才有能力以更成熟的姿態,與他人重新建立連結。而這樣的連結,不再是為了填補空缺,而是來自於「我已經可以完整地和自己在一起,所以我也能完整地和你在一起」。

■ 第四章　關係斷裂後，孤單是重新連結的起點

4. 擁有完整自我，才能建立健康關係

走出一段關係後，我們常常以為，人生的重點是「何時進入下一段關係」。但其實，更重要的問題是：「下次再遇見愛的時候，我會用什麼樣的自己去接住它？」

許多關係的失敗，不是因為不夠愛，而是因為彼此都沒有帶著「完整的自己」進入這段關係。我們渴望被理解、被照顧、被需要，但如果這些期待建構在內心的空洞之上，關係終將變得吃力。因為我們不是在分享，而是在索取。

心理學家約翰‧鮑比（John Bowlby）提出的「依附理論」（Attachment Theory）指出，人與人的親密連結可分為幾種基本風格，其中只有「安全型依戀」（secure attachment）能夠在關係中同時保有連結與自我。也就是說，當你感覺自己是完整的，就不需要透過另一個人來證明存在感；你可以靠近對方，但不會依賴對方定義自己。

問題是，當我們從過去破碎的關係中走出來，內在往往是殘缺的。我們也許曾經過度付出、曾經完全依賴、曾經以「被需要」作為自我價值的來源。這些模式雖然短期內能帶來親密錯覺，長期卻會讓我們失去界線，甚至陷入情感耗竭。

4. 擁有完整自我，才能建立健康關係

一位在長照工作中投入超過十年的女性，在離職後回顧自己婚姻與親職關係時說：「我一直以為照顧別人是我的價值來源，直到有一天我連自己都快顧不好。」她曾習慣將他人的需求放在最前面，認為這是愛的體現。但真正讓她清醒的，不是對方離開，而是她在獨處中聽見內心的吶喊：「我不想再只是一個提供支持的人。」

她後來在心理諮商中開始學習設定界線，也重新學會什麼叫「照顧自己的情緒」。她說：「我以為我已經很強，但其實我只是把所有情緒堆在背後假裝沒事。現在我知道，真正的穩定，是你能夠陪自己好好待著，也能夠好好與別人相處，而不是一味地給。」

這樣的轉變，是從關係導向的角色思維，走向個體導向的關係視角。也就是說，你不是因為是誰的伴侶、誰的家人、誰的支持系統而有價值，而是因為你本來就是一個值得被尊重、被理解的人。只有當我們在關係之外仍能保有自我，關係中的親密才不會變成依賴或吞噬。

但要做到這樣並不容易，尤其在現代社會的親密文化中，許多人早已內化一種潛規則：為了維持關係，得先剪掉那些「可能讓人不喜歡的部分」。我們太習慣在關係中扮演期待中的角色——乖巧的伴侶、好脾氣的對象、讓人放心的人。但那些表現，有時是我們過度修剪的自我。這樣的關

第四章　關係斷裂後，孤單是重新連結的起點

係，或許一開始穩定，卻容易在長期中逐漸失衡，因為你遺失了那個原本願意被看見的自己。

心理治療師愛德華・泰耶柏（Edward Teyber）與珍妮佛・麥克盧爾（Jennifer McClure）在其著作《臨床諮商的核心技巧》（*Interpersonal Process in Therapy: An Integrative Model*）中提出「個體完整性與相互性」的概念。他們強調，健康的成人關係應建立在兩個具備「獨立性與互惠性」的主體之間，而非功能互補的依賴系統。換句話說，愛不是為了補足彼此的不足，而是帶著完整的自己與完整的對方，願意在互動中擴張彼此。

其中一個「完整的我」的具體表現，就是你能夠在關係裡表達真實的情緒，不需要先猜測對方能不能承受。真正的親密，不是毫無衝突，而是你在衝突中也願意誠實說出感受，因為你相信自己有價值，也相信對方願意聽。這樣的安全感，不來自於對方的包容，而來自於你對自己的穩定。

這樣的關係模式，與我們過往在文化中學到的「找另一半」、「找到讓你變完整的人」大相逕庭。事實上，如果你自己尚未整合，就算找到誰，他都只是暫時的接縫。當一個人過度期待關係成為自我修復的工具，就容易在親密中投射需求、失控情緒或未竟之痛，最終讓關係變成二次傷害。

這也是為什麼在每一段關係開始之前，我們都需要一段

4. 擁有完整自我，才能建立健康關係

「自我整建期」——不是為了變得完美，而是為了釐清：「我想成為什麼樣的自己？我希望我的關係是建立在什麼樣的價值上？」

日常中可以從幾個簡單的問句開始：當我感到不安時，我會怎麼回應自己？我是否能在沒有人回應時，仍然照顧自己的需求？我是否有足夠信任，能讓對方靠近而不懷疑？

這些問題不是考驗，而是自我認知的練習。當你能在這些問題中逐漸找到穩定的答案，就表示你不再只是準備「進入關係」，而是準備「與人同行」。

最終，我們真正能帶給關係的，不是完美的表現，不是永遠的支持，而是一種成熟的存在方式：我能照顧我自己，所以我不會將這個責任丟給你；我知道我值得被愛，所以我不需要你來證明我不孤單；我能接住自己，所以我也能夠接住你。

這樣的關係，才能在風暴來臨時彼此站穩，在平靜時彼此靠近，在衝突時彼此理解。

不是互補，而是共在。不是尋找另一半，而是帶著完整的自己，成為能與他人共同生活的那個人。

■ 第四章　關係斷裂後，孤單是重新連結的起點

第五章
不是每一道傷都需要原諒

■ 第五章　不是每一道傷都需要原諒

1. 當傷害來自信任的人，該怎麼走下去？

不是所有的傷，都來自惡意。有時候，最深的傷來自我們最信任、最親密的人。那不一定是背叛，也不總是惡毒的攻擊，有時只是一次不預期的否定、一次無法承接我們脆弱時的疏離，卻足以動搖我們對這段關係的整體信任。

而當這種傷發生時，最讓人混亂的，不是痛，而是：「我該怎麼解釋它？」

因為信任不是單一事件，而是一層一層慢慢堆疊起來的結構。當它倒塌時，我們連「要不要繼續相信這個人」都來不及判斷，第一個反應，往往是「是不是我自己有問題」。

心理學家約翰・雷培爾（John Rempel）與同事霍姆斯（Holmes）與扎納（Zanna）在 1985 年提出「信任三層理論」（Three Dimensions of Trust）：第一層是可預測性（Predictability），我們相信對方會做他承諾的事；第二層是可靠性（Dependability），我們相信對方在我們需要時會在那裡；最深的一層，是信念（Faith），我們相信對方會在乎我們的感受，甚至在我們最脆弱的時候保護我們。

而真正令人心碎的，是當我們曾經把某人放進第三層，

1. 當傷害來自信任的人，該怎麼走下去？

卻在某一天，發現那道防線不在了。

一位三十多歲的男性在諮商中提到，他與一位多年摯友在一次合作上的金錢爭執後徹底決裂。對方在公開場合貶低他、否定他多年的努力。他說：「那不是普通的失望，我覺得我被丟下了。」他回憶這段經歷時不是憤怒，而是極度自我懷疑：「我是不是太天真？是不是我根本看錯這個人？」

這種痛不是事件本身的破壞力，而是它撕裂了一段自我敘事。我們不是只是失去一個人，而是失去了一段「我以為我知道誰是誰」的世界觀。心理學家珍妮佛・弗萊德（Jennifer Freyd）稱之為「心理背叛創傷」（Betrayal Trauma）——當傷害來自我們所依賴的人，我們的大腦會本能地啟動否認與切斷機制，因為承認這件事等於承認：「我竟然無法辨識誰會保護我。」

有時，我們甚至會因為不願面對這個事實，而選擇反過來責怪自己。不是因為我們愚蠢，而是因為承認對方曾經是我們依靠的對象，卻做出傷害我們的事，這件事本身太難承受。

那是一種「內在結構被抽走」的感覺。原本建立在關係上的安全感、歸屬感、價值感，全都開始動搖。我們不再知道，什麼是穩定的、什麼是可信的、什麼是我可以再相信的。

第五章　不是每一道傷都需要原諒

但這個時候，最重要的不是立刻「處理這段關係」，而是先理解自己經歷了什麼。

關係中的傷害，不只是「受傷」這麼簡單，它往往夾帶著多層情緒混雜：失望、羞辱、自我否定、錯愕、甚至內疚。這些情緒彼此交織，使得我們無法清楚釐清：我現在感覺到的，是對對方的失望，還是對自己的指責？是因為關係中止了，還是因為我一開始就相信錯了？

這種混亂其實很正常，因為你不是只在處理「一件事」，而是在處理你與信任這件事的關係。

這時，我們可以嘗試先做一個簡單但重要的內在問句練習：我現在最深的感覺，是什麼？這個感覺是來自事件本身，還是來自我對這段關係的期待落空？在這段傷害發生前，我曾經把什麼交給對方？

這些問題，不一定能馬上解答，但它們會幫助我們拉開與事件的距離，讓我們從混亂中慢慢辨識：我到底失去了什麼？我想守住什麼？

很多人以為，信任一旦破裂，就只能「決裂」或「重建」。但是其實，在信任斷裂之後，有一段更重要的過渡期，我們稱之為「關係重組內部階段」。在這個階段，我們不急於決定要不要繼續這段關係，而是先問自己：「我還有能力相信嗎？」、「我要怎麼保護我現在的自我不再被侵蝕？」

1. 當傷害來自信任的人，該怎麼走下去？

　　這就像一棟建築在地震後無法立刻拆除或重建，而需要先用鋼架支撐，評估結構，再決定後續。這段支撐期，就是我們為自己設下的心理緩衝：不急於給別人答案，先為自己創造穩定。

　　在生活中，這可能表現為：暫時拉開距離、不再過度解釋、不再期待對方補償、也不強迫自己原諒。這些行為不是冷漠，而是自我保護，是一種內部修復的開始。

　　有一位離婚女性在經歷多年婚內情感疏離與否定後，選擇離開。但她花了整整一年才開始接受「我有權覺得委屈」。她說：「我以為我已經理智放下了，可是我從來沒有好好承認，我被傷害過。」

　　這樣的誠實，是她真正開始療癒的起點。不是因為她決定重新信任誰，而是因為她開始不再否定自己曾經信任的那份真誠。

　　如果你也曾經在信任崩解的時候說過：「我再也不會相信人了」，那是一種很真實的防衛。但請記得，不是信任讓你受傷，是因為那份信任被錯待了。

　　你不需要馬上重建那份信任，但你可以開始建立另一種內部機制 —— 相信你自己會保護你自己。相信下次當你打開心的時候，你會更清楚什麼是界線、什麼是尊重、什麼是真正配得上的互動。

第五章　不是每一道傷都需要原諒

　　有時候，我們不是為了走出傷害而重新建立信任，而是為了走回自己。你可以先不相信對方，但請不要因此丟掉對自己那份渴望連結的能力。那份能力，不是你的弱點，而是你仍然願意相信世界可以更好的證明。

　　而走下去的第一步，從來不是原諒或對話，而是承認：我曾經交出過信任，現在我想先回來，好好接住自己。

2. 原諒不是放過對方，是鬆綁自己

當你受傷後，有沒有人告訴過你：「你要學著原諒，這樣才能走出來」？

在很多文化與信仰裡，原諒被視為成熟、寬容、修復關係的關鍵。但現實裡，原諒往往不是出自自由，而是一種壓力。你必須「快點放下」，才能證明你不是心胸狹窄的人；你得說「我沒事了」，才能讓別人不再不安。

但真正的問題是：當你還沒準備好原諒時，這些期待只是另一種綁架。

心理學家埃弗雷特・沃辛頓（Everett Worthington）是當代原諒心理學的主要研究者，他在多年臨床與實證研究中提出「REACH 模型」：Recall（回憶傷害）、Empathize（試著理解對方）、Altruistic gift（將原諒視為寬容的禮物）、Commit（承諾原諒）、Hold on（持續保持原諒）。這個模型的重點不在於「必須」原諒，而是將原諒視為一種選擇性內在歷程。

他指出：「原諒是讓你脫離報復的需求，而不是讓對方脫離責任。」這句話劃出了關鍵分野──原諒不等於縱容，

第五章　不是每一道傷都需要原諒

不代表你要淡化發生過的傷害；它的目的，是讓你從怨恨中解脫，讓你重新把行動主導權握回自己手中。

但要做到這件事，需要的從來不是急著放下，而是誠實看清自己仍然在哪裡掙扎。

一位中年女性曾說，她花了五年才「不再想為那個傷害過她的人辯解」。她說：「我以前以為自己早就放下了，但其實我只是強迫自己別去想。」直到某天她在看到一部電影角色與她的情境相似時突然落淚，才知道那些情緒從未離開，只是她不讓它出聲。

這樣的經歷，並不是她不夠堅強，而是她還沒準備好鬆開那段關係的控制力。很多時候，我們之所以遲遲無法釋懷，不是因為還愛著對方，而是因為那段經歷仍然占據著我們的情緒主權。它在提醒你：你還沒從這段傷中退出。

心理治療研究者羅伯特・恩萊特（Robert Enright）與理查・菲茨基布恩斯（Richard Fitzgibbons）曾提出一個修正傳統「寬恕導向」的觀點。他們強調：「原諒不是『消去』，而是『重新放置』。」也就是說，傷害不需要被否認，而是要被重新安放在一個不再干擾你當下生活的位置。這樣的處理方式，在面對長期創傷、情緒性傷害與權力失衡情境中特別重要。

有時候，我們反而是因為「太快原諒」，才讓傷害變得難以癒合。你口頭上說著「我不計較」，但夜深人靜時還是

2. 原諒不是放過對方，是鬆綁自己

會回想每個細節；你說「我釋懷了」，卻在看到對方過得好時仍舊情緒起伏。這不是因為你不夠大度，而是因為你太早跳過了自己的情緒。

原諒若只是表現出來的儀式，而不是內在完成的歷程，那它反而會變成新的壓抑，甚至自我懷疑的來源。

我們可以從更根本的問題開始問自己 —— 我為什麼覺得我「應該」原諒？我內心真正想要的，是原諒，還是自由？我能不能選擇暫時不原諒，但依然讓自己往前走？

這些問題的答案，可能不是現在就會浮現，但它們可以幫助你把焦點從「該不該原諒對方」，轉移到「我如何不再讓這段關係主導我現在的情緒」。

也許，我們不是真的不願意原諒，而是還沒來得及處理那些未被聽見的情緒。但當整個社會都在讚美「原諒是一種力量」、「真正強大的人會寬恕」，我們就容易把自己還放不下的狀態視為一種失敗。彷彿痛久一點、恨久一點，就是你太執著、太不成熟。久而久之，情緒變成雙重綁架：你不但要處理受傷，還要處理「為什麼我還不能原諒」的自責。

但每個人處理傷害的節奏不同，有人需要距離，有人需要反覆確認真相，有人甚至需要多年後才能真正命名那段經歷。這些都不代表你做錯了，只代表你正在走一條屬於你的修復之路。

第五章　不是每一道傷都需要原諒

原諒真正的價值，不在於對方得到什麼，而在於你終於不再被過去的情緒牽制。這是一種內在空間的重劃。你不是為了讓事情變得合理，而是讓你的人生有餘裕容納這些不合理的曾經。

文化中常用「放下」、「看開」來形容原諒的過程，但那些詞彙太像結論，反而像是一種壓力。事實上，在心理修復歷程中，有一段很重要的中間地帶，叫作「不再行動但尚未寬恕」──你不再主動報復、不再陷在情緒中，但你也不假裝和解。

這段時間，正是你開始「鬆綁自己」的階段。

日常中這可能表現為：不再追問對方的動機、不再重複講述傷痛版本、不再想像補償的場景。不是因為你原諒了，而是你選擇把能量用在別的地方。這是一種自我主權的回收，一種溫柔但堅定的離席。

有一位長期被原生家庭情緒勒索的年輕人，最終選擇在不對抗的情況下，默默劃出距離。他說：「我不是不想修復，而是我知道，與其等他們改變，不如讓自己先有喘息的空間。」這樣的決定，不是逃避，而是他對自己的保護。

有時候，我們誤以為原諒等於「重修舊好」，其實不然。原諒也可以是一種安靜的結束──你願意不再咬住那個人的錯，但你也不再把自己的未來交在他的手上。

2. 原諒不是放過對方，是鬆綁自己

　　你不是因為足夠慈悲才選擇鬆綁，而是因為你終於明白：有些繩索，不鬆開，它就一直在勒你。

　　與其急著寬容，不如慢慢鬆手。你不是為了當一個「原諒別人的好人」，你只是想讓自己重新呼吸。

　　這就夠了。

3. 認清情緒的真相，才不會陷在反覆的痛裡

我們常說「放下就好了」，但有些情緒，不是因為你不想放，而是你根本不知道自己在拿著什麼。

當人遭遇重大傷害或情感斷裂後，最常見的不是立刻崩潰，而是陷入一種混合的情緒狀態——你以為自己是在生氣，實際上你是在失望；你以為自己只是悲傷，但其實你在哀悼那個已經失去的身分、角色、未來。你以為自己「想釐清關係」，但你真正需要的，或許是「為自己命名傷口」。

情緒之所以反覆，不是因為你軟弱，而是因為你還沒能精確地看清它。

心理學家托德・卡什丹（Todd B. Kashdan）等人針對「情緒分化」（emotion differentiation）所做的研究指出：人們若能更細膩地分辨與標示自己的情緒狀態，如將「我很煩躁」具體區分為「我感到被忽略」或「我正在受羞辱」，會顯著降低憂鬱傾向與應激反應。也就是說，我們越能準確描述自己的情緒，就越不會被它控制。

但現代人最大的困難，不是沒有情緒，而是缺乏與情緒對話的語言。

3. 認清情緒的真相，才不會陷在反覆的痛裡

在創傷心理學中，有個詞彙叫做「述情障礙」（alexithymia），意指一個人無法辨識或表達自己的情緒經驗。他們不是不痛，而是痛了不知道該怎麼說；不是不想表達，而是找不到那個起點。有些人甚至從小就被教導：「哭沒用」、「別人都比你慘」、「情緒是軟弱的表現」，於是他們學會了壓抑、合理化、硬撐 —— 卻從未真正學會如何理解自己。

一位女性在結束一段感情關係後，對外總是冷靜地說：「分手是共同決定的，我沒事。」但半年後，她在整理房間時，看到對方留下的紙條突然落淚，接著情緒崩潰。她說：「我以為我釋懷了，現在才發現，我根本沒處理它。我連痛都沒來得及承認，就開始逼自己走下去。」

這不是個例，而是很多人共同的經驗 —— 我們急著「好起來」，卻沒給自己時間真正「感覺到」。

情緒是一種訊號，不是障礙。心理學家萊斯·格林柏格（Leslie Greenberg）提出「情緒驅動行為理論」（emotion-driven behavior），認為情緒本身並不可怕，真正造成破壞的，是我們誤解情緒、壓抑情緒，或不知如何回應情緒時產生的行動。例如，你不願承認悲傷，於是變得暴躁易怒；你害怕被拒絕，所以用冷漠作為防禦。這些行為看起來像「情緒爆炸」，其實是「情緒失聯」。

第五章　不是每一道傷都需要原諒

我們要做的，不是否定情緒，而是重新建立與它的關係。

一種實用的情緒練習，是在感受到強烈情緒時，先停止問「我要怎麼解決這個情緒」，改成問：「我現在這個感覺，像什麼？」你可以寫下幾種可能：「是失望？被羞辱？寂寞？困惑？還是無力？」這樣的分類練習，不需要立即正確，但它能打開情緒的結構，讓我們從「混亂」回到「可辨識」。

另一種方法，是使用「第一人稱情緒命名句式」——不是「這件事讓人很煩」，而是「我覺得自己被當作不重要的人了」。當你用這樣的語言面對自己時，情緒會從模糊的雲霧，轉為具體可觸的訊息。你會發現，那些你以為一直在重複的情緒，其實只是你一直沒說清楚的話。

一位在職場長期被冷處理的中年男性說：「我不是不習慣孤立，是我一直沒有承認，我其實很在意。」他曾把「忍耐」視為成熟，把「沉默」當作專業，但在一次與主管的爭執後，他第一次對自己說：「我其實很希望被尊重。」那個當下，他沒有哭，也沒有發火，只是深吸了一口氣。他說，那是一種「說出來後情緒就鬆開」的感覺。

這種鬆開，不是解決所有問題，而是讓你不再被困在語言之外的情緒牢籠裡。

我們常以為「情緒過不去」是因為對方做了什麼、事情

3. 認清情緒的真相，才不會陷在反覆的痛裡

太難解，其實有時候我們只是還沒有找到一種足夠溫和的方式來對自己說：「我在痛，而且我願意承認這份痛。」

請記住，你的情緒不需要通過別人的檢查；你也不需要對自己的感受道歉。情緒沒有對錯，它只是還沒被了解。

有些人會說：「你是不是想太多了？」但其實，能夠分辨出「我是在生氣，還是我其實很傷心」的人，不是想太多，而是夠誠實。這樣的誠實，是我們重新掌握人生節奏的開始。

不清楚的情緒會反覆，不是因為它固執，而是因為它還沒被理解。它不是你不夠好，而是它還在等你說一聲：「我聽到了。」

所以，當你下次又陷入「明明過了，怎麼又回來了？」的情緒循環，不妨停下來問自己：我現在感受到的，是真的氣憤，還是失望？這個感覺，是不是在為某段過去說話？而我，有沒有可能把它更清楚地說出來？

你不需要馬上有答案，但你可以選擇開始練習。那些曾經反覆出現的痛，其實只是希望有一天能夠被你看清楚。不是為了讓你一直停在過去，而是為了讓你終於可以不再迴圈。

走出情緒，不是壓住它，而是看懂它。你不再用「我不

第五章　不是每一道傷都需要原諒

知道我怎麼了」來定義每一次波動,而是能清楚地說:「我正在難過,因為這段關係讓我覺得自己不被看見。」

當你能這樣說出來的那一刻,痛就不再是困住你的東西,它開始變成你重新理解自己的入口。

4. 建立界線，不再讓過去主宰現在

　　有些人離開了，卻還留在我們心裡；有些傷害過去了，卻依然在我們的選擇裡留下痕跡。

　　很多關係帶來的困擾，不是因為傷口沒癒合，而是因為我們還沒學會在今天為自己劃下明確的界線。不是我們無法劃清界線，而是我們太習慣被過去的關係邏輯牽著走。

　　設立界線，聽起來像是一個行動，其實更像是一個認知過程。它不是為了拒絕他人，而是為了清楚地知道：哪些事情是我的責任，哪些不是；哪些反應是我要承擔的，哪些可以放下；哪些情緒是來自當下，哪些是過去重演的殘響。

　　心理學者亨利・克勞德（Henry Cloud）與約翰・湯森（John Townsend）在《界線》（*Boundaries*）一書中提出，界線的功能不只是防守，更是一種內在權限的設計。當我們在關係中缺乏界線時，會有兩種常見反應：一種是過度讓步，事事為對方著想卻失去自我；另一種則是情緒抽離，試圖藉由冷漠保護自己，卻與真實感斷開。

　　這兩種反應，其實都是在告訴我們：我還不知道該怎麼在保護自己與連結他人之間，找到穩定的中線。

第五章　不是每一道傷都需要原諒

　　一位三十出頭的女性曾說，她一直以為自己很會維持關係，因為她從不拒絕別人的請求、對情緒勒索總是笑著應對、即使被指責也只默默調整自己。但某天她突然意識到，自己已經不再知道什麼是「自己真正的意願」。她說：「我好像變成了一塊情緒吸音牆，別人的聲音都留在我這裡，但我自己的聲音卻消失了。」這不是她的錯，而是她從來沒被教過「界線」也是一種責任——是對自己的保護責任。

　　我們很容易把界線想成是一種「距離」，但事實上，界線的本質是清楚。當你能清楚知道什麼是你該承擔的、什麼不是，你就不再需要透過情緒來補強你的立場，也不需要透過討好來維持和平。

　　在複雜性創傷的修復理論中，有一個關鍵概念叫作「賦權」（empowerment）：就是讓一個在關係中長期處於被動、被支配、被忽略位置的人，重新拿回對自己行為與選擇的決定權。而設立界線，就是這個回收過程的開始。但這個過程往往不容易，因為舊有的關係習慣會不斷回來試探你。

　　例如，你可能會覺得：「如果我不立刻回訊息，他會不高興」、「如果我說出我的底線，會不會破壞關係」、「是不是我太小氣了，才會覺得這樣不舒服」。這些語句聽起來合理，卻都是你內心習慣為他人留下的優先權。你不是沒有能力設界線，而是你還在學習相信：自己的感受也是一種值得

4. 建立界線，不再讓過去主宰現在

保護的價值。

你可以從很小的地方開始練習。比如：當你發現對方在用模糊語言讓你承擔決定時，你可以溫和地說：「我需要你直接告訴我你的想法，這樣我才能知道要不要參與。」這不是指責，而是幫助自己不再自動接下不屬於自己的責任。

又或者，當你面對一個習慣在你表達不舒服時回應「你太敏感了」的人，你可以嘗試回答：「敏感是我的感受，我願意聽你怎麼看，但我不會因為你否定它就不去處理它。」

這樣的語言，雖然簡短，卻會讓你慢慢在每一次對話中，重新定義你與他人的關係結構。

有時候，我們之所以不敢設界線，是因為我們擔心關係會因此破裂。但事實上，一段健康的關係不會因為你設界線就結束，會結束的，是那些你一直用忍耐維持的關係。那樣的結束，雖然會讓人心痛，卻可能是你真正回到自己人生節奏的開始。這也是界線真正的作用：不是切斷，而是讓你知道自己在哪裡，讓你有能力決定，下一步要不要靠近。

有位男性在家庭裡長年被視為「不准有情緒的人」，從小只要說出不滿就被說是頂嘴。成年後，他在職場與感情中都習慣壓抑。他說：「我花了很長時間才接受，界線不是不孝，也不是不合群，而是我在保護我的身心不再壞掉。」後來，他開始為自己安排週末不見人的時間、學習在衝突中說

第五章　不是每一道傷都需要原諒

出「我不接受這種說話方式」，他說那不是反抗，是恢復。

這樣的「恢復」，不會讓你變得冷酷，而是讓你變得清楚。你不會因為一次拒絕就否定關係，也不再讓關係吞掉你。

我們常以為設下界線是「變了」，其實那是你開始不再讓過去的經驗主導你現在的選擇。

你不是在拒絕他人，而是在保護自己能夠平衡地與世界互動的能力。你不是在築牆，而是在清理邊界，讓真實的你可以自由地出現，也讓真正適合的關係有機會靠近。

真正的界線，不是情緒勒索的反擊，而是一種寧靜但堅定的選擇。它不是要驚動關係，而是幫助你清楚劃出界線——哪裡是你的範圍、哪裡應由他人負責。當你願意為自己劃下界線，也就代表你已經決定，不再讓過去的傷決定你未來的關係方式。這不是切斷愛，而是為了讓真正的愛，有更清楚的入口。

設下界線，不是一件做完就能安心的事，而是一種需要不斷重複的練習。你可能今天說了不，明天又想退讓；但每一次重新拿回位置的努力，都是你在重新校準內在權限的方式。

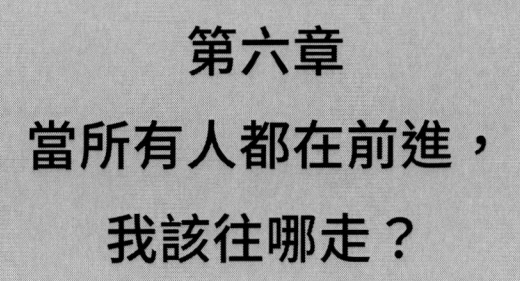

第六章
當所有人都在前進，我該往哪走？

第六章　當所有人都在前進，我該往哪走？

1. 成就焦慮，是現代人的集體幻覺

你是否曾在深夜滑手機時，看見別人升遷、出書、創業成功的消息，然後突然對自己的生活感到茫然？明明你正在努力，也不覺得人生失控，但那一刻，你還是忍不住問自己：「是不是只有我，還沒找到出口？」

成就焦慮，是這個時代幾乎每個人都感受過的心理壓力。它不像恐懼那樣劇烈，不像憂鬱那樣沉重，但它悄悄滲入我們的思緒，在無數個日常片刻裡提醒你：「你還不夠好，你的速度不夠快，你的光芒不夠亮。」

這種焦慮，不只是個人的問題，它更像一種社會氣候。一種你沒參加就會落後、不努力就會被淘汰的集體想像。

心理學家李昂・費斯汀格在 1954 年提出「社會比較理論」，他認為人們會本能地透過與他人比較來評估自我價值。這本是人類演化中的適應策略，讓我們在群體中找到定位。但在今天這個社群平臺無所不在的時代，這個比較機制已不再只是生存需求，而是變成一種內在焦慮的循環。

過去我們比較的是鄰居、同事、朋友；而現在，我們在幾秒鐘內就能看見世界另一端的成功故事。演算法會不斷將

1. 成就焦慮，是現代人的集體幻覺

「看起來很優秀的人」送到你眼前，久而久之，你會以為「努力＝公開成果」、「存在＝被看見」，而你如果什麼都沒有公開、沒有爆紅、沒有成績單，就像是在人生遊戲中落隊。

但這種焦慮感，是實質落後嗎？還是一種被集體幻覺擠壓的心理錯位？

心理學家威廉·斯旺在其自我驗證理論（Self-verification Theory）中提到，人們會傾向尋找與自我形象一致的外界回饋，來維持心理穩定。但當我們的內在形象已經被外部標準塑形，我們就會進入一種自我焦慮的監控模式：你不再是因為想做而行動，而是因為害怕「什麼都沒做會不被看見」而不得不做。這種動機的轉變，是現代成就焦慮的核心。

一位剛從研究所畢業的年輕人曾說，他本來喜歡寫作，卻在開始經營個人平臺後，逐漸變得焦躁不安。他說：「我開始不是在寫我想說的，而是在想怎麼寫，別人會比較想分享。」他的作品越來越受歡迎，但他卻越來越感到空洞。最後他停更半年，開始回到只為自己寫的狀態。他說：「那時我才發現，原來我不是沒能力，而是我太想讓別人證明我有能力。」

這樣的經驗並不罕見。我們以為自己是在追求成就，其實是在逃避焦慮；我們以為自己是在努力，其實是在逃離那種「不夠好」的感覺。這就是成就焦慮最隱蔽的陷阱：它把

105

第六章　當所有人都在前進，我該往哪走？

焦慮包裝成企圖心，讓你無法停止奔跑，卻又永遠到不了你內心真正想抵達的地方。

這種狀態不只出現在個人領域，也在組織文化中蔓延。有些企業口頭上倡導「彈性」、「多元發展」，但實際上對績效的期待、升遷的壓力，讓員工無法真正感受到安全。你不是不願意好好工作，而是不知道什麼時候你的表現會被認可，什麼時候又會被評為「還可以更好」。

一位在廣告業工作多年的資深企劃說：「我不是怕忙，而是怕忙了沒意義。怕我拚命做出來的東西，根本沒人記得。」她不是想躲懶，而是想知道：這些日以繼夜的努力，背後是否還有什麼真正屬於她的價值。這正是焦慮與壓力的根本差異：壓力是來自任務，焦慮則來自意義的缺席。

當我們一直處在高壓但目標模糊的環境中，成就就不再是激勵，而會變成內耗。我們不是不能承受挑戰，而是沒有時間問：「我為什麼要往這個方向努力？」於是，在無形中，我們把整個自我價值交給了「進度條」。誰走得快、曝光多、收入高，誰就值得被尊敬。其他的人，包括暫時休息的、選擇走不同路線的、正在醞釀但還沒出發的，全都會被歸類為「還沒開始」、「還沒成功」。

但這樣的邏輯是成立的嗎？你願意用他人的節奏來定義自己的人生嗎？

1. 成就焦慮,是現代人的集體幻覺

一位在非營利組織服務多年的人,在轉職前感到極度焦慮。他說:「我看著朋友一個個跳到外商、加薪、升主管,而我還在做『好像沒有市場價值』的事。」直到他與一位過去曾被他幫助的個案再次見面,對方告訴他:「當時你陪我那幾個月,是我人生最穩定的一段時間。」那一刻他才明白,原來他早已創造了別人用年薪也無法衡量的影響力。

成就感,從來就不是來自他人看見你走多快,而是你看見自己為什麼要走這條路。當整個社會都在說「成功的人都是不停努力的人」,你也許可以緩緩地說:「也許,我的成功,不是加快速度,而是看清方向。」

你可以努力,但不必焦躁;你可以有目標,但不用讓它變成評分標準;你可以羨慕別人的進度,但不需要用它來懷疑自己。焦慮不是你個人的問題,它是一整個系統對「人必須不停產出、必須被證明、必須被認可」的集體灌輸。現在,你開始看清這一點,就已經不再只是被它推著走的其中一人。

你可以選擇,在哪一段路上暫停、在哪一段路上行走、在哪些地方轉彎、在哪些人面前停留。這些選擇的權利,不是你「足夠成功」後才擁有,而是你一直都擁有。

而成就焦慮最終會鬆動的時刻,不是你什麼都達成了,而是你終於知道自己真正想過的是什麼樣的生活。

■ 第六章　當所有人都在前進，我該往哪走？

2. 為什麼我們總覺得自己落後別人？

明明沒有比誰過得特別差，卻總覺得自己「還不夠」；工作穩定、生活不壞，卻在看到同齡人升遷、創業、出國進修的時候，突然陷入一種莫名的不安。我們都經歷過這樣的時刻。那不是嫉妒，也不是怨懟，而是一種輕微卻深層的心虛感，好像自己「沒跟上」，好像世界在默默進行某種淘汰，而我們正在邊緣。

但這種「落後感」，到底是從哪裡來的？

心理學家托馬斯・吉洛維奇（Thomas Gilovich）提出「聚光燈效應」（Spotlight Effect），他指出人們普遍高估別人對自己行為的關注程度。簡單來說，就是我們以為全世界都在看我們有沒有達標、有沒有成功、有沒有進度，實際上，多數人根本忙著在意自己的焦慮，無暇真正評價你。

但是那種「被看見的壓力感」仍然真實存在。尤其在社群媒體普及後，這種放大效果成了日常的一部分。我們不只是觀看，而是處在一個不斷被提醒別人「正在做什麼」的空間。久而久之，我們開始把別人的節奏內化成自己的時鐘。

這種機制有其心理名稱：FOMO，或稱「錯失恐懼症」

2. 為什麼我們總覺得自己落後別人？

(Fear of Missing Out)。2013 年，心理學家安德魯‧普茲比爾斯基（Andrew Przybylski）等人研究發現，FOMO 是一種對於他人正在體驗自己無法參與的活動所產生的焦慮與疏離感，這種焦慮不一定源自實際需求，而是源自對「不在場」的自我懷疑。

一位剛結束休職重返職場的中年男子說，他每天打開社群都感覺像在看別人過的「平行人生」：有人在分享工作成就、有人貼出旅遊照片、有人正在進修、有人剛當爸媽。他說：「我其實也不討厭他們，但每次看到那些貼文，我就覺得自己像被按了暫停鍵。」他知道自己需要這段停頓來修復，但他無法避免一種感覺：是不是我就這樣被世界拋下了？

這樣的感受，其實不是「你真的落後」，而是你的注意力被扭曲了。

人腦有一種傾向，稱為「選擇性注意偏誤」（Selective Attention Bias）。當我們內心對某件事焦慮時，就會特別注意與那件事有關的訊息，並自動忽略與自己「一致」但無威脅的狀態。你會不自覺地看到那些過得比你好的人，卻很少意識到還有很多人，其實正與你處於相似的困境、相近的節奏，只是不發聲、不張揚。這是一種感知的偏誤，而不是現實的落後。

第六章　當所有人都在前進，我該往哪走？

但問題是，我們並不總能覺察這種偏誤。我們只知道，自己開始懷疑：是不是應該要做點什麼；是不是該換工作、再念個學位、創點副業、證明自己還在「進化」。久而久之，我們不再問「我想要什麼」，而是開始擔心「我是不是太慢了」。焦慮，就是從這裡開始發酵的。

一位女性在訪談中提到，她在 34 歲時感覺到一種前所未有的「年齡緊張感」。不是因為生理變化，而是因為她看到身邊的人陸續達成社會所謂的「標準節點」：婚姻、買房、升遷、孩子。她說：「我不覺得他們做錯什麼，但我很快就覺得，我是不是落後了。」這個念頭不是經過驗證，而是本能地出現，就像一條被社會輸入的進度條，自動在每個人內心運行。

她後來在心理諮商中學會了一件事：「落後感」其實不是一種事實判斷，而是一種關於價值排序的錯覺。有趣的是，讓人產生最深落後感的，往往不是那些高調炫耀的人，而是那些沉默但持續前進的人。你不一定知道他們的細節，但你感覺得到他們在進步，而你還在原地。這種「沉默進度」，比喧嘩的宣告更容易讓人焦慮，因為它沒有明確的比較點，卻留給你大量的想像空間。

有位設計師說，他最不安的時候，不是在看到同業發布得獎作品時，而是在那些曾與他同起步、後來低調離線的同

2. 為什麼我們總覺得自己落後別人？

事,幾個月後忽然出現在某個重要職位。他說:「他們都沒說自己在幹嘛,但一出現就有成果。那時我不禁想:是不是只有我還在摸索?」

我們被迫使用一種「線性、單一標準」的尺來衡量所有人的人生。而在這個尺裡,選擇探索、緩步成長、照顧心理狀態,這些都被默默標示為「落後」。

但人生從來不是同場競賽,也不是同步起跑。如果你正在照顧一個重病家人,那就是你此刻最重要的進度;如果你剛從一段身心枯竭的工作中走出來,那麼讓自己喘口氣,就是當下最需要完成的任務。

落後,是當我們錯把別人的劇本當成自己劇情的參考點;而真正的平衡,是當你看見:你走的不是同樣一條路,也不需要同樣的速度。這樣的轉換,不是馬上放下比較,而是練習把注意力重新拉回自己。

當你發現自己陷入「我是不是太慢」的思緒時,可以暫時先不問「我該怎麼追上」,而是問:「這份焦慮是從哪裡來的?它要我相信什麼?」也許它要你相信:「只有跟上別人,你才算有價值。」但你可以選擇不接受這個前提,因為它忽略了:你的價值從不是速度造就的,而是你對自己誠實的選擇所形塑的。

焦慮會提醒你去看別人,但也可能是一個機會,讓你重

第六章　當所有人都在前進，我該往哪走？

新看見自己。你可以在那一刻停下來，深呼吸，然後說：「我知道我現在不安。但我選擇不被這個不安牽著跑。」

也許你會發現，當你不再緊盯他人的進度時，你會慢慢聽見自己內在的節奏。那個節奏也許慢、也許不穩，但它會帶你回到自己真正該走的方向。

3. 停下腳步，不代表沒有目標

當別人問起你的近況，你會不會不敢說：「我最近沒有特別在忙什麼」？你明明正在經歷一段過渡期、一段重新整理的時間，但一想到說出口可能會換來對方微妙的反應，你就猶豫了。不是因為你對自己的選擇沒有信心，而是你知道，在這個社會裡，「沒有明確產出」會被默認為「你停滯了」。

我們太習慣把人生的價值綁在進度上，以為只有動起來、忙起來、讓別人看得見的時候，才算是在往前。但有些時候，你之所以停下來，不是因為你沒目標，而是因為你在等待正確的方向。

心理學家莎賓娜・索嫩塔格（Sabine Sonnentag）與夏洛特・費茲（Charlotte Fritz）提出「心理恢復理論」（Recovery Theory），強調人在長期承受壓力後，若缺乏適當的休息與「心理脫離」（psychological detachment），會導致動力與創造力枯竭。他們指出：「真正有效的行動，往往不是來自持續的執行，而是來自於被允許暫停之後的回彈力。」

但我們被教導的不是這一套。我們被鼓勵的是「不可以空窗太久」、「職涯不能停」、「越忙越有價值」。於是即使感

第六章　當所有人都在前進，我該往哪走？

覺自己正在耗盡，我們仍然假裝自己沒事，強迫自己往下一個目標推進。因為停下來，不只是節奏上的中斷，也讓人懷疑：「我是不是開始被落下了？」

一位在科技產業工作八年的女性主管，在某次專案結束後感到極度疲憊，決定請假三個月。她說：「剛開始，我只是想讓自己不要再連續夢到開會內容。但真正難的是，我休息不到一週，就開始不安。我會想：別人是不是都繼續往前了？我是不是在耽誤自己？」這些念頭，不是因為她不清楚自己正在進行修復，而是因為她過去太習慣把「存在」與「表現」連在一起。一旦沒有產出，她就會懷疑自己的價值是否還在。

她後來在這段時間裡做了很多事——但都不是為了工作，而是為了重新與自己對話。她整理房間、散步、參加心理諮商、讀那些以前總說「以後再看」的書。她說：「我不是在放空，我是在重新找回我想要的那個狀態。這三個月比我過去三年裡任何一季績效都來得有意義。」

這樣的意義，來自她不再把「移動」當作唯一的目標定義方式。

有時候，真正讓人疲憊的，不是暫停，而是為了不讓自己暫停而硬做出來的行動。明明不知道方向，卻報了一堆課、接了額外的工作、或開始經營一個自己其實沒有熱情的

3. 停下腳步，不代表沒有目標

計畫，只因為「不做點什麼會不安心」。這種行動看起來正向，實際上只是讓你更遠離真正想要的東西。

心理學上將這類行為稱為「焦慮性行動替代」（anxiety-driven substitution），也就是你為了不讓焦慮顯現，轉而選擇一些可被社會理解、但與內心不一致的行動。長期下來，不但沒有降低焦慮，反而更感空洞與遲疑。你不再知道，自己現在做的，是因為想做，還是因為不敢不做。

在很多時候，「停下來」反而是一種有意識的選擇。它不是逃避，不是懶散，而是內在告訴你：你需要一段與自己同步的時間，才能確認，自己要走的是哪條路，而不是只是跟著走哪條路。

我們之所以害怕停下來，是因為我們誤以為，腳步停了，方向就會消失。但真正的迷失，不是因為你站著不動，而是你太久沒問自己：我走的這條路，是我想走的嗎？

心理學研究顯示，當人能主動給予自己「意志性的靜止」（volitional rest），也就是出於選擇而非崩潰的暫停，他們的心理彈性、創造力與未來規劃能力都會明顯提升。因為這樣的停頓不是空白，而是一種重新布置內部秩序的行為。

但是這種行為，常常在現代生活裡無法被理解。有人會問你：「所以你現在在做什麼？」當你回答：「我在休息」、「我正在整理自己」、「我想先慢下來觀察一下」，對方可能會禮

第六章　當所有人都在前進，我該往哪走？

貌地點頭，然後轉向話題中其他「正在發展中的人」。

那一刻，你會忍不住自問：是不是只有我還沒有起跑？

但你忘了問另一個更關鍵的問題：我為什麼要用別人的起跑線來判斷自己的方向？

一位男性曾在失去重要親人後請長假，他沒有立刻投入新專案，也沒有報名課程，而是花時間處理長期被壓抑的哀傷。他說：「我知道我沒有在『前進』，但我也知道，如果我不處理這些，我遲早會卡在某個時刻動彈不得。」那段時間，他最大的學習不是成長本身，而是「允許自己不必表現得像正在成長」。這種允許，不是放棄目標，而是重新定義目標。

有些目標不是為了展示，而是為了讓你可以更平靜地生活下去；有些方向不是為了突破，而是為了不再偏離你原本的價值。這些看起來很慢的歷程，才是真正屬於你的路。

如果你正處在一個暫停的時期，請不要懷疑自己的價值。你也許正在沉澱，也許正在修補，也許正在為一個還沒完全成形的下一步做準備。你不需要現在就知道答案，也不需要解釋你的狀態值得被尊重。

你只需要問自己一個問題：「我能不能在不奔跑的時候，也相信自己正在前進？」

3. 停下腳步，不代表沒有目標

　　因為有時候，最重要的移動，是你內在的對齊，而不是你外在的速度。

■ 第六章　當所有人都在前進，我該往哪走？

4. 找到屬於自己的步調與方向

　　不是每一個人都能清楚地說出自己想要去哪裡。但幾乎每一個人，都曾在心裡默默問過一句話：「這樣走，真的是我要的方向嗎？」

　　當我們歷經比較、暫停與焦慮之後，真正需要回答的，其實不是外界如何看待我們的進度，而是我們是否能在混亂中，找到屬於自己的節奏，並選擇與這個節奏相容的方向。

　　在心理學中，自我決定理論（Self-Determination Theory）指出，人類內在的動機來自三個基本心理需求：自主性（autonomy）、關聯性（relatedness）、勝任感（competence）。唯有當行動與這三個需求相符，我們才可能產生長期穩定的滿足感。這表示，真正能讓你走下去的方向，不是別人眼中的正確，而是那條你能自願前往、在乎過程、並感受到成長的路。

　　但這樣的路，不會自動出現。它需要你有意識地拉回自己的注意力，從「我該怎麼不落後」的焦慮中退出，重新問：「我真正想前進的，是哪一種生活狀態？」

　　有時候，答案並不是清晰的目標，而是某種模糊卻明確的感覺——例如「生活需要回歸穩定」、「身體別再總是緊

4. 找到屬於自己的步調與方向

繃」、「日常要重新回到我能掌握的樣子」。這些看似抽象的願望，才是你步調的起點。因為你走路，不是為了達成標準，而是為了讓每一步更符合你內心的渴望。

一位原本在金融業工作的男性，曾因長期過勞與價值衝突辭職。他說，那段時間不是因為他看見了新的目標，而是因為他意識到：「我走的這條路，離我真正想成為的那個人越來越遠。」他後來轉向社會企業工作，收入變少，生活簡單，但他說自己第一次感覺每天的時間是被自己使用的。

這樣的選擇，不一定來自明確的方向感，而是來自對自身節奏的信任。他他不再追求抵達終點，而是走得更接近自己真正重視的價值。

與其尋找一次性決定，不如培養一種能力——願意在每一天重新確認這條路是否仍呼應你真正的渴望。你可以在不確定的時候緩慢前行，也可以在暫時迷路的時候選擇休息。你的節奏不需要和任何人同步，只需要和你的身體、你的信念、你的渴望對得上。

這樣的節奏往往不明顯，因為它不像外界的聲音那麼急促，反而需要你靜下來才能聽見。在高壓節奏裡，我們容易習慣「快速才是有效」、「忙碌才是成功」。但正如時間心理學家菲利普·津巴多（Philip Zimbardo）所說：現代人的時間焦慮，來自於把「未來導向」過度推進成為壓力來源，而不

第六章　當所有人都在前進，我該往哪走？

是靈感引導。

如果你不知道自己的步調是什麼，不妨從觀察自己的日常開始。哪些事情會讓你在做的時候感到安靜？哪些時刻你不會看著時間？又有哪些互動會讓你過後特別疲憊？這些不是零碎的感覺，而是你內在節奏的線索。步調不是目標制定法，而是感受辨識力——你需要學會分辨什麼樣的節奏是「我正在努力」，什麼又是「我正在勉強自己」。

當我們一味追求未來的結果，卻無法在當下獲得感受，就會產生一種「走再快也沒有靠近」的空虛。因為那不是你選的步調，而是你在模仿他人的節奏。這種模仿，久而久之會讓你忘記自己真正的速度與方向。

很多人以為，只要找到目標，就會有方向。但其實，步調比目標更早出現。因為步調是你在每天的選擇裡，慢慢養成的行動習慣。你早上起床後的第一件事、你處理壓力的方式、你選擇與誰相處、你怎麼安排自己的時間……這些就是你人生節奏的細節。當這些選擇與你的價值相容，你的步調就會開始穩定，而方向感也會在這樣的穩定中慢慢清晰。

有時候，我們不是沒有方向，而是害怕那個方向不夠「明確」、「穩定」、「可以交代」。我們以為「找不到方向」就代表自己失敗了，但其實，大多數人真正的方向感，是在多次偏離與修正之後才慢慢成形。它不是一瞬間出現的靈感，

4. 找到屬於自己的步調與方向

而是長期對自己渴望與限制的對話結果。

但這樣的歷程，在社會期待裡往往顯得太慢。我們被教導要「早點決定、早點規劃、早點開始」，彷彿選得快就是對的、走得穩就能成功。這讓許多人在尚未準備好時，就匆忙做出重大選擇，結果反而陷入了更大的耗損與遲疑。人生不是選一次就固定的跑道，而是你是否能在過程中允許自己調頻、試錯、甚至換軌。

方向不是地圖，而是你願不願意信任自己的那雙腳，走進你真正想靠近的生活狀態。

一位曾經歷職涯低谷的諮商師分享過她的重建歷程。那段時間，她原本計劃寫一本書，但發現自己完全寫不出來。她說：「我原本以為，只要有計畫、有動機、有內容，我就可以完成這本書。但我忽略了，我當時的狀態，不適合寫這樣的東西。」她後來花了三個月什麼都沒寫，只是練習每天去散步、整理自己的情緒、重新找回身體的節奏。三個月後，她沒有寫出書，但她寫出了幾篇對她來說很真實的短文，也決定不再出版，而是專注做更少但更誠實的內容。

她說：「我不再用成果來定義我走的這條路，而是用誠實。」

誠實，就是你找到自己節奏的那一刻。

第六章　當所有人都在前進，我該往哪走？

　　你無須成為任何模板裡的人，也無須追趕誰設定的進度。你只需要能夠辨認：當你走這條路的時候，你有沒有感覺到自己是清醒的？你能不能承認，那是你願意繼續走的方向？

　　方向，從來不該是壓力的來源。它來自你對當下的誠實與對未來的信任。而這條路，只有你能為自己定義。許它不夠筆直、不夠亮眼、也不夠快速。但只要你走得踏實，那就已經是你最好的節奏。

第七章
夢碎之後，
還能不能再相信自己？

■ 第七章　夢碎之後，還能不能再相信自己？

1. 當努力沒有成果，我們會開始懷疑人生

有一種痛，不是被否定，也不是遭遇挫折，而是你明知道自己很努力，卻一再被結果打臉。你投注時間、投入信念、放棄了原本可以選擇的生活方式，只為了那個你深信不疑的方向——卻一次又一次撞上落空的牆。而在一次又一次的「白費」之後，真正開始崩解的，不只是目標，而是你對自己的信任。

「我是不是根本沒有天分？」

「是不是我一直以來都只是騙自己？」

「我做的這一切，有沒有意義？」

這些聲音，不是在你剛開始努力時出現的，而是在你投入多年後、在第 N 次拒絕信上出現的。而且它們不像外界批評那麼清楚可見，它們是從你心裡發出來的，是你最熟悉也最致命的自我懷疑。

心理學家馬丁‧賽里格曼（Martin Seligman）曾提出「習得性無助」（Learned Helplessness）這一概念。他發現，當人長期經歷失敗或不可控制的挫折時，會逐漸放棄嘗試，即使後來情境改變也不再行動。這不是懶惰，而是因為大腦學會

1. 當努力沒有成果，我們會開始懷疑人生

了：「你怎麼做都不會成功。」

當失敗不再只是事件，而變成對自我價值的懷疑——你不再是對計畫失望，而是懷疑「自己是否值得期待」。

一位投入高普考準備六年、連續五次落榜的女性分享，她在第五次公布榜單後，坐在圖書館樓梯間哭了半個小時。她說：「我不是難過沒上，我是開始不確定，我是不是根本沒資格努力。」這句話聽起來極端，但它不是情緒化的反應，而是長年累積的挫敗經驗所導致的信念崩解。

努力失敗的時候，最令人痛苦的不是現實的殘酷，而是找不到一個能為自己的經歷下注解的位置。你不知道這幾年是為了什麼，也不知道接下來還可不可以再試一次，那不是因為沒有努力，而是你從一開始就給出了太多——而現在，只是還沒等到應得的回應。你甚至不敢面對旁人安慰的語氣，因為你很清楚，這不是「再努力就會好」的問題，你已經不知道還有什麼值得繼續相信。

當這些信念崩解時，人可能會進入心理學所謂的「存在真空」(existential vacuum) 狀態。也就是說，當行動與內在價值感脫節時，會出現一種「努力在空轉」的心理失重感。正如維克多・法蘭克 (Viktor Frankl) 所說，當人無法從經驗中萃取意義，就容易產生存在上的迷失與質疑，包括對自我價值的懷疑。

第七章　夢碎之後，還能不能再相信自己？

一位從影十年的男演員說，他在三十二歲那年決定轉行。他不是突然熱愛別的行業，而是因為「十年沒有代表作，十年都在等待機會」。他說：「我最不能接受的，不是沒成名，而是我開始不確定，我到底是不是那種可以被相信的人。我連自己都說服不了了。」這不是理性上的總結，而是一種深入核心的信念崩解——比起事件，更像是在自我裡失去了立足點。

這樣的自我懷疑，往往比外部失敗更深層。因為它動搖的是你作為一個行動者的基礎信念——我有能力、我值得、我能夠帶來改變。當這些信念崩解時，人會出現一種狀態，心理學上稱為「自我耗損」（ego depletion）。這是一種長期處於壓力或低回饋投入下所引發的心理資源枯竭現象，使人即使有意願，也無力再有效行動。這時候，會出現兩種常見的情緒防衛策略。

第一種是逃避式的轉向：你不再看那件事、不再提起它，甚至否定自己曾經想要它。你說「我其實也沒有那麼想成功」、「其實只是剛好試試看」，但你自己知道，那不是真的。那只是你在保護那個努力過但失敗了的自己。

另一種常見反應，是立刻投入更大的行動，想用更新的努力，蓋過那些尚未處理完的痛。你報名考試、換跑道、開啟新計畫，只為了讓自己不要停下來。但這種強行前進的行

1. 當努力沒有成果，我們會開始懷疑人生

動，如果沒有經過消化與釐清，常會導致第二次更劇烈的崩盤。

真正困難的，不是要不要繼續，而是你願不願意承認自己正在痛。這樣的承認，並不意味著失敗，而是一個人對自己誠實的真正起點。這些年你確實很努力，但如果此刻最誠實的反應是累了，那就先承認這個事實。

很多人在努力失敗後，會經歷一種心理上的「空白」：曾經的你也許有一段清楚的目標敘事 —— 你知道自己為什麼努力，也相信會走到哪裡 —— 當失敗來臨，那段敘事彷彿瞬間斷裂，留下一片語言無法覆蓋的空白。你開始不知道，自己還能以什麼角色、什麼語氣、用什麼信念來繼續說下去。

這時候，最重要的，不是馬上重寫一段新的故事，而是先看清楚那段「空白」本身在說什麼。這段沉默或許讓你不知所措，但它也許正是下一個理解即將萌發的土壤 —— 只要你不急著拔出答案。也許你可以慢慢問自己：「我正在經歷的這段沉默，是不是也屬於我的人生？」

一旦你願意進入這樣的問法，你就已經開始重建你的信任結構。不是對外界，而是對自己 —— 對那個曾經想做出改變的你。

你不需要馬上轉身，也不需要立刻重新出發。你需要

127

■ 第七章　夢碎之後，還能不能再相信自己？

的，可能只是一段時間，讓你整理那些你曾經投入的價值，把它們從「失敗」的包裝裡拆出來，重新看清它們曾經代表的意義。因為有些努力，也許沒有結果，但它讓你成為了某種更清楚的人；有些經歷，也許沒有換來掌聲，但它讓你理解了自己能承受什麼、失去什麼、還願意相信什麼。

　　我們不是因為失敗才懷疑人生，而是因為我們曾經那麼相信，結果卻沒有實現。而這樣的落差，是所有有夢想、有行動、有信念的人，都可能經歷的現實。

　　你可以停，也可以痛，但你不必急著為這段路貼上標籤。它未必是錯的，也許只是還沒完成。當你還有能力說「我受傷了，但我不想用懷疑把這段經驗抹掉」時，就是你還能相信自己的證明。

2. 夢想不是錯，只是需要被修正

夢想破滅，常常不是夢想本身有錯，而是它無法如預期那樣實現。它不是不存在，而是需要被調整——不是方向錯了，而是方法、節奏、條件、時機出了落差。

但很多人在夢想受挫之後，第一個反應是想切斷與夢想的關係。他們說：「我不再相信夢想了」、「我以為我可以，其實根本不行」、「原來那都是幻想」。這些話裡有痛、有保護，也有一種渴望快速止血的衝動——如果能否定夢想，就不用承認自己曾經如此相信，也不必面對那份投入未果的失落。

這種心態的背後，往往來自一種非黑即白的認知模式：夢想不是值得，就是錯的；不是實現，就是放棄；不是選對了人生方向，就是浪費了人生。

心理學中的認知再建構（Cognitive Restructuring）指出，我們的痛苦常來自對經驗的固著解釋，而非事件本身。當我們將夢想受挫等同於自我否定，會陷入自我攻擊、行動停滯、甚至長期價值失序的風險。而認知再建構的第一步，就是學會辨認這些自動化解釋是否過於僵硬、單向，並嘗試以不同角度重新看待事件的意義。

第七章　夢碎之後，還能不能再相信自己？

　　夢想未實現，不一定是能力不足，也可能是條件未成熟、資源錯位、策略待修，甚至只是你還沒有走到最適合的那條實踐路線。

　　心理學家查爾斯‧斯耐德提出的「希望理論」中指出，真正能支持人們實現目標的，不只是強烈的渴望，而是能在不同情境中持續調整策略與路徑的能力。他將「希望」定義為三元素的互動：目標（goal）、途徑（pathway）、意志力（agency）。若我們只有夢想（目標）與決心（意志力），卻找不到有效的行動路徑，那麼這份希望會迅速消耗殆盡。

　　也就是說，夢想不是錯，而是需要被「重構成有可行策略的希望」。

　　一位曾經投入十年時間經營國際發展組織的女性創辦人，最終在資金與人事壓力下結束營運。她說，當時最大的痛不是收掉組織，而是「我不知道該怎麼面對自己這十年的信念」。她後來經過長時間的情緒調整與反思，發現她真正重視的從來不只是推動國際議題，而是「在每個社群裡發生具體改變」。

　　於是，她回到基層，與地方團體合作推動兒童教育平權。規模小了，曝光度低了，但她說：「這次我不是靠理想感在撐，而是靠日常裡真的發生的事來滋養我。」

　　她沒有拋棄信念，而是找到一個更適合它發生的方式與

2. 夢想不是錯，只是需要被修正

位置；她不再用夢想的實現率來衡量它的價值，而是看它能否在現實中持續發酵。

不只如此，也有些人選擇將夢想從個人的成就感轉化為群體的共好歷程——從出版作家轉為文學推廣者，從藝術家轉向社區共創引導者，形式變了，但那份「讓世界更接近自己理想樣貌」的初衷，沒有改變。

這正是「認知重評」（Reappraisal）策略的典型實踐。在面對重大失落或期望落空時，情境重評強調的是：將事件從一種「我失敗了」的框架中解放出來，改以「這次事件讓我更靠近什麼、更理解什麼、更調整了什麼」的方式來解釋。這樣的語境轉換，能顯著降低無力感與自我否定，並提高情緒復原力。

夢想本身沒有對錯，它不是一種預言，而是一種方向感。錯的是當我們把夢想視為「唯一的救贖」時，一旦偏離，就會像船失去舵一樣驚慌失措。這樣的失落，常來自於我們把夢想設定得過於封閉：我非得當老師、非得出版、非得考上、非得成功——這些設定其實不是目標，而是等式。而一旦那個等式不成立，我們就會整體崩解。

真正可持續的夢想，是具有彈性的夢想。它能轉向、能擱置、能重新定義，但核心價值不會消失。這不是理想主義的包裝，而是心理復原的現實邏輯。

第七章　夢碎之後，還能不能再相信自己？

　　一位在五十歲決定轉行的工程師說，他原本的夢想是創辦一間顛覆產業的技術公司，後來因家庭與健康考量放棄。他說：「我沒有把夢想丟掉，我只是換了一種方式實現我想創造價值的渴望。我現在用教學、陪伴、傳承的方式，把我過去的技術與經驗傳遞出去。」他沒有登上封面，也沒有退出舞臺，但他說：「這是我這個年紀可以做的夢想形式，而且是我現在活得最踏實的樣子。」

　　這樣的轉變，不是後退，而是回到當初夢想的初衷——想讓世界某個角落，因自己而不同。

　　在夢想破碎之後，最難的是承認那真的曾經重要。很多人會說「我早就不在乎了」、「那個不是我真正想要的」，但這些話，有時只是用來掩蓋我們還來不及悲傷的內在失落。

　　夢想不是錯，它只是需要一段時間，讓我們接受它無法照著劇本演下去，也許會繞路、會變形、甚至會以別的名字出現。但那不表示它失效了，只表示它需要你用現在的自己，重新理解它。

　　與其懷疑自己當初的選擇，不如問一個更有力量的問題：「那段時間，我有沒有活得真誠？」如果答案是肯定的，那這段夢想就不是錯誤，而是你曾經活過的證明。

　　你不必急著重新出發，也不必假裝沒有受傷。你可以慢慢地修正夢想的輪廓，允許它重新長出與你此刻狀態更貼近

2. 夢想不是錯，只是需要被修正

的樣子。修正不是妥協，而是續航，它不是對夢想退讓，而是對生活現實的回應 —— 一種既不放棄，也不硬撐的智慧轉向。

■ 第七章　夢碎之後，還能不能再相信自己？

3. 接受「未完成」，讓挫折變得有意義

我們很容易對結果做出總結式的判斷：完成了，就有價值；沒完成，就是失敗。這種思考邏輯，深深植入我們對努力、計畫、承諾甚至自我人生的理解當中。我們學著追求「圓滿」，對「未完成」則本能地抗拒，彷彿只有達成的事情才值得被書寫，半途的、暫停的、撤退的，最好能被遺忘。但現實是，大量的人生經驗，其實都是「未完成的」。

並非所有關係都有結局，也並非每個目標都會走完流程。有些論文寫到一半中斷了，有些創業構想胎死腹中，有些努力多年卻突然被迫放下的事，甚至來不及和任何人說明理由。這些未完成，不只是事務上的停擺，更會深深撼動一個人的自我定義。

一位原本攻讀博士學位的女性，在完成一半的田野調查後決定退學。她說：「我知道我還能繼續撐下去，但那不是我要的人生節奏。我已經不再確定，我寫出來的東西，是否還是我真正關心的題目。」她說退學那天，最難的不是行政手續，而是打包辦公室那一刻：「我感覺自己像是半途而廢，像是辜負了投入過的時間與資源。」

3. 接受「未完成」，讓挫折變得有意義

這種感覺在心理學上可以從兩個現象理解。第一是「完成偏誤」（completion bias）：人類有強烈偏好將事情做完，即使對完成本身沒有實質利益，也會傾向避免中止。研究指出，未完成任務容易引發焦慮與內疚感，使人誤以為「只有完成才算合理的投入」；第二是「歧義容忍度」（tolerance for ambiguity）：即人們面對模糊、未定義、開放性情境的心理忍耐力。當這種能力不足時，個體容易將中途放棄視為人格失敗，而非情境調整。

但許多未完成的事，不是因為我們不夠好，而是因為人生本來就不是線性的。

心理學家理查德·特德斯奇（Richard Tedeschi）與勞倫斯·卡爾霍恩（Lawrence Calhoun）提出的「創傷後成長」理論指出，人們在經歷重大困境與中斷後，若能進行有效的心理整合，往往會從中發展出更深層的自我認知與生活意義。這種成長，不是建立在「完成什麼」，而是在於「理解了什麼」。

當我們願意去正視那些未完成的經歷，就有可能進入所謂的「意義重建」歷程。心理學者克莉絲朵·帕克（Crystal Park）在其「意義建構模型」（Meaning Making Model）中指出，人在遭遇人生突變或挫折時，若能將事件重新連結到個體的核心信念與價值觀，便能讓經驗轉化為穩定的心理資

■第七章 夢碎之後，還能不能再相信自己？

源，並恢復對生活的掌控感。

這不是「轉念」的操作，也不是灌輸式的正能量，而是一種溫和但有力的提問方式：

「即使這件事沒有完成，我還留下了什麼？」

「在這段失敗的經歷裡，我有沒有更清楚知道自己想要的是什麼？」

「這段停下來的過程，是不是也讓我得以重新看見自己在意什麼？」

一位原本投入高階糕點設計工作的廚藝講師，在疫情期間被迫關閉自營工作室。她說：「我花了十年才把風格養出來，最後卻只能面對『沒有訂單』的現實。」起初，她覺得自己「不算是真正的師傅了」，彷彿失去了表達創作的場域就等於失去身分。但幾個月後，她開始在社群上用圖文記錄實驗食譜、分享她如何與學生一起試錯、改良、再試。她說：「我曾以為，只有擺上櫥窗、進入比賽，才算作品。但後來發現，讓一群人願意在廚房裡繼續試錯，這本身就是意義。」她仍然覺得遺憾，但不再用「中斷」定義那段經歷，而是明白自己只是改了舞臺，沒有放棄自己。

這種心態的改變，是一種關於自我定義的鬆動與成熟。她不再讓完成率決定貢獻價值，也不再讓過去的努力因為收

3. 接受「未完成」，讓挫折變得有意義

尾不夠完整而被全盤否定。

很多人在遭遇挫折時，會進入一種「急於收尾」的衝動。他們可能試圖立刻轉向新目標，說服自己「我早就不想做了」，甚至用過度的合理化來掩蓋內在的難過。但是其實，比起立刻轉向，我們更需要的是一段時間，來「承認這段事還沒有完成，也可能永遠不會完成」。

承認，是重新與這段經驗建立關係的起點。它不是結束，而是開始重新書寫它在你生命中的位置。這段書寫，也許不再是一篇論文、一個專案、一場演出、一段關係的結尾，而是你內在某個敘事的延續。它可能靜靜躺在你的記憶裡、生活習慣裡，甚至是你不再提起卻始終影響你選擇方式的地方。例如你可以對自己說：「雖然我沒有完成那段夢想，但它曾經讓我理解了什麼是熱情」、「雖然我離開了那條路，但我學會了如何不再迷失在一個不適合自己的系統裡」。這些句子不是藉口，而是重整信念的一種形式。

對於那些未完成的事，我們不必強行讓它看起來圓滿，也無需假裝它們從未存在。你只需要學會如何與它們共存：允許它們占據你人生的一段，卻不占據你全部的定義。

人生中有些東西，不會有封面故事，也不會有完成式。但只要它曾經讓你靠近過自己的熱情，那它就不是白費。只要它讓你停下來看見了新的可能，那它就是一段值得尊重的經驗。

第七章　夢碎之後，還能不能再相信自己？

　　有些未完成，是一種誠實地承認自己在哪裡停止；而也正是在那裡，我們可能看見下一步的方向。

4. 建立與自己對話的空間，再次點燃前行的勇氣

夢想受挫之後，我們常急著尋找「下一步」：該不該換方向？要不要重新開始？是否該證明自己還有能力？但很多時候，真正需要的，並不是立刻行動，而是先停下來——不是停在失敗裡，而是停在自己內心的那扇門前。

在節奏快速、期待沉重的生活裡，我們鮮少打開那扇內在之門——不是談目標的語言，而是關於信任與價值的對話；不是那種「我想要什麼目標」的語言，而是「我怎麼看待我自己？」、「我是否還願意相信自己有選擇的能力？」這類問題；不是用條列式答案可以解決的，而是需要時間與空間去感受、去整理、去聆聽的。

心理學家埃利奧特・阿倫森（Elliot Aronson）在發展認知失調理論（Cognitive Dissonance Theory）時，特別強調「自我一致性」在人類行為中的核心角色。他指出，我們之所以會因行為與信念不一致而產生不適，並非因為邏輯上的矛盾，而是這些行為違背了我們對「自己是個好人、有價值的人」的信念。這種觀點延伸自更早期的「自我一致性理論」（Self-Consistency Theory），該理論認為人們傾向維持與自我

第七章　夢碎之後，還能不能再相信自己？

概念相符的行為，以保持心理穩定與認同感。

當我們遭遇重大挫敗或長期停滯，那些經歷若與我們長期建立的自我形象產生落差，就可能引發懷疑、自責與無力感。真正的心理挑戰，往往不是重新出發的意志，而是能否容許「我現在的樣子」與「過去的自己」共存，不必互相否定。這種整合性的視角，也是現代心理學中「心理彈性」（psychological flexibility）與「自我關愛」所關注的核心議題。

阿昌曾經是業績排行榜上的常勝軍，在保險業打滾了二十年，從業務新人一路升到分區主管。但在一次企業併購與內部重整後，他被迫提前退休。他說：「我不是不想再做，而是整個產業的方向變了，我的方式已經不再有價值。」

那段時間，他陷入極大的失落，最重的一句話是對自己說出的：「原來我所有累積的東西，可以這麼快被蓋過去。」他試著去面試、投履歷，但內心那股「已經被淘汰」的念頭讓他難以投入任何新的方向。他說他不是怕挑戰，而是不知道還有沒有什麼，是他可以被需要的。

直到某天他在社區講座上被邀請分享業務經驗，他一開始覺得那只是一場消耗，卻在回答一位年輕聽眾提問時，突然說出了一句讓自己驚訝的話：「也許我已經不是那個能不斷突破目標的人，但我知道什麼叫做建立長期信任。」

他說，那一刻，他不是重新找到職涯方向，而是第一次

4. 建立與自己對話的空間，再次點燃前行的勇氣

感覺到：「我還能說出有重量的話」。他後來接受了保險公會的顧問職，不再追求速度與數字，而是協助年輕業務找到自己想為誰工作、為什麼推廣這份商品的理由。他說：「我不再是以前的我，但我也不再否定現在的我。」

心理學家芭芭拉・弗雷德里克森（Barbara Fredrickson）提出的「寬展－建構理論」（Broaden-and-Build Theory）指出，當人們處於開放與好奇的情緒狀態中，較有可能擴展視野、建立資源，甚至改寫過往經驗的意義。也就是說，在低谷中逼自己重啟往往無法真正復原，但若能先進入一種不被急促推動的狀態，反而更有可能發現未曾察覺的方向與能力。

這種過程不靠說服自己「你要再試一次」，而是給予自己一段「不需要立即前進」的過渡期。這段時間，不是空轉，而是讓舊的信念自然沉澱、新的自我慢慢浮現。

許多人習慣把復原當成任務：快速振作、馬上轉身，彷彿慢一點就不夠堅強。但其實，在尚未準備好之前，最有力的事情往往是允許自己「暫時不知道要做什麼」，而不為此感到羞愧。

情緒學研究指出，當人們能夠用情緒標籤（affect labeling）闡釋內在狀態，例如「我現在感到失落，但我不需要急著轉化它」，就能顯著降低杏仁核活動，提升前額葉皮質對

第七章　夢碎之後，還能不能再相信自己？

情緒的調節能力。這並不是要你說出正面的話語，而是能夠準確且不批判地描述自己當下的狀態，從而減少情緒的主導性。

心理學中的「心理彈性」則進一步指出，復原的關鍵不在於維持過去認同，而是能否放下執著、依照當下的情境與價值，重新選擇行動。這種靈活性不是逃避，而是能容納矛盾、自我重構的能力。

對那位保險員來說，真正的轉變並不是職稱或收入模式的改變，而是他開始接受：「我不再靠速度定義自己，而是靠我願意為什麼內容負責。」這句話，他不是在一夜之間想通的，而是在一次與年輕業務的溝通中，因為對方質疑制度安排而爆發爭執。他一度感到挫敗，直到幾天後，他冷靜下來重新問自己：「我是否願意用過去的經驗，換取這個人未來少走一些彎路？」

那一刻，他知道自己還有價值。不是因為他還能拚數字，而是因為他選擇了不一樣的出發點。

當我們這樣與自己對話，就能逐步修復那種「我不確定自己是不是還能相信自己」的破口。

我們或許還不確定方向，但我們可以開始一件事——不再逃避與現在的自己相處。因為只有你願意停下來，傾聽自己正在經歷什麼，新的語言、新的內在對話、新的信任感

4. 建立與自己對話的空間，再次點燃前行的勇氣

才有機會生成。重新出發不需要等你完美，也不必在狀態最佳時才被允許。你只需要讓現在的自己，先在這裡被看見、被理解、被接住。

有時候，我們重新點燃的，不是動力，而是那一點點微光——提醒我們：我們曾經相信過的，仍然值得努力靠近；我們曾經失落的，也可能以別的形式重新出現；我們還沒放棄自己，只是暫時需要一段空間，好好聽見自己正在說什麼。

也許此刻你仍不確定方向，但你已經學會在模糊裡保留勇氣——這，就是通往信任的第一步。

■ 第七章　夢碎之後，還能不能再相信自己？

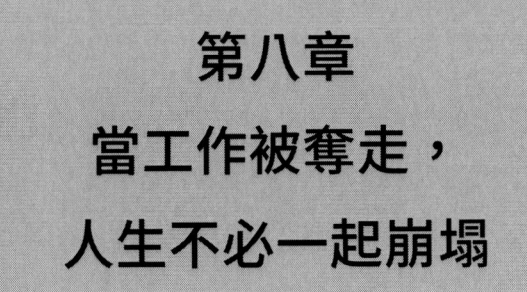

第八章
當工作被奪走，
人生不必一起崩塌

■ 第八章　當工作被奪走，人生不必一起崩塌

1. 職涯失序的焦慮，源自對穩定的渴望

我們對工作的依附，往往不只是源自薪水或成就，而是來自一種穩定的預期感。每天上下班、每月固定的薪資、每年按表操課的考核與晉升機制，這些表面看似例行公事的節奏，其實構成了一種讓人感到「掌控生活」的框架。而當這個框架在某個瞬間崩解，無論是被裁員、臨時停職，還是產業被科技顛覆，最先被撼動的，不是計畫，而是情緒。

心理學家艾倫·蘭格所提出的「控制錯覺」指出，人們往往高估自己對外在事件的影響力，特別是在工作這種有明確回饋機制的環境中，這種錯覺會更強烈。當我們相信升遷來自努力、加薪來自表現、工作穩定來自忠誠，便會產生一種「只要我做對，事情就會如預期進行」的信念。這樣的信念本身並不危險，但當世界改變的速度遠超我們行動的速度，錯覺破裂的代價，就是焦慮與無助。

這樣的情況，在近年科技與產業結構劇烈變動中尤其明顯。以物流業為例，過去二十年，許多企業仰賴資深現場主管掌控人力調度與配送節奏，這些人熟悉流程、通人性，經驗是他們最寶貴的資產。但當 AI 路徑演算法與無人倉儲系

1. 職涯失序的焦慮，源自對穩定的渴望

統進場後，「經驗」反而成為「過時」的代名詞。一位年約 52 歲的物流現場經理，在服務 16 年後被通知「結構精簡」。他所管理的倉儲轉為自動化，他過去倚賴的直覺、人脈與彈性排程，已全被統一輸入系統代替。他沒有失職、沒有犯錯，只是這份穩定的感覺，突然不再被需要。

這位主管形容他剛被通知時的感受：「我當時第一個念頭不是『沒收入怎麼辦』，而是『為什麼會輪到我？』」這種反應透露出一個深層的心理反差——我們相信自己是掌控者，卻在瞬間發現，其實從未真正掌控過什麼。這種「被世界拋下」的感覺，不只是經濟問題，更是一種主體性崩解。

行為經濟學者丹尼爾·康納曼（Daniel Kahneman）與阿摩司·特沃斯基（Amos Tversky）的研究指出，人們在面對不確定性時，常會產生強烈的心理壓力與判斷偏誤，這不僅會影響決策品質，也會造成長期的情緒負擔。確定性的痛苦雖然難受，卻可被理解與因應；而不確定，則會使個體陷入持續的警戒與預期焦慮，因為我們既無法判斷後果，也無法主導局勢。這種心理負擔雖不等同於「耗損」的定義，但同樣會消耗意志與穩定感。職涯失序，正是將這種心理狀態長期化的典型例子。

更現實的問題是，這種失序常常伴隨著年齡、技能轉換、社會支持等層面的結構性困難。對中年求職者而言，他

第八章　當工作被奪走，人生不必一起崩塌

們不只面對 AI 或數位系統的技術門檻，還面對招聘市場中難以明說但存在的年齡歧視。一項由麻省理工學院與芝加哥大學於 2021 年合作的招聘偏見研究顯示，40 歲以上求職者獲得面試機率遠低於 30 歲以下，尤其是在需要數位技能的職務中差異更加明顯。當一個人發現努力學習可能也無法跨越這道門檻，那種「我還能做什麼？」的疑問，會從現實焦慮演變成心理打擊。

對許多中年工作者來說，面對的不僅是技術落差，更是整體社會對數位化的結構排除。在 AI 技術進場、線上技能被視為基本門檻的今天，那些曾經習慣於紙本作業與現場溝通的中高齡工作者，往往難以在短時間內取得與年輕世代相同的轉職資源與再教育機會。這種「數位排除」(digital exclusion)，讓他們在職涯再出發的路上，不只是慢了一步，而是少了一條路。

在這樣的處境中，傳統的「正向鼓勵」往往無濟於事。像是「你可以轉職斜槓」、「每個危機都是轉機」這類話語，在實際處境中反而容易產生反效果，讓當事人感到被簡化與否定。真正的支持，是願意正視不確定本身的威力 —— 承認人需要穩定、也害怕混亂，是一種自然反應，而非懦弱。

心理學對於「如何在不穩定中維持主控感」其實有具體切入點。許多研究指出，當人在極度不確定的情境中，若能

1. 職涯失序的焦慮，源自對穩定的渴望

建立微型的可預測節奏——例如每日固定的求職時段、每週一次技能練習、甚至僅是按表運動或寫日記——都能顯著減緩焦慮感。這類策略並非為了解決問題本身，而是為了幫助個體重新建立節奏感與方向感，進而恢復對生活的最低程度主控感。

正如「控制錯覺」理論所說，人類傾向於尋找自己能掌握的環節，即使在大環境高度不可預測的情況下，小型、可持續的行動計畫，也能讓人感受到「我不是完全被動」，這對心理彈性與恢復力至關重要。

物流主管後來花了半年時間重考乙級倉儲管理證照，期間接案協助中小企業設計非自動化倉儲流程。他坦言，收入不如以前，但那段日子是他「重新感覺到時間流動」的開始。他說：「最難的不是沒有工作，是時間一開始變得無章法，我會躺在床上一直想：現在幾點？我該做什麼？我是不是荒廢了？」直到他替自己規劃每日流程，即便只是在家讀一份物流報告、打三通電話，他才慢慢重建「一天可以被預測」的感覺。

從心理層面看，我們對穩定的渴望，並不是對不變的依賴，而是對「有章可循」的期待。而當生活失去章法，我們要重建的不是結果，而是節奏。那個節奏不必宏大，但要讓人感覺「我知道我在做什麼」、「我知道下一步在哪裡」。

第八章　當工作被奪走，人生不必一起崩塌

　　這就是為什麼職涯失序讓人如此痛苦 —— 它打破了我們對生活的預期結構，讓我們不再能輕易預判明天。真正的恢復，不是立即跳上下一份工作，而是先幫自己找到哪怕一小塊可以掌控的時空。從那裡開始，我們才有可能在混亂之中，重新構築出穩定感。

2. 身分與收入中斷,怎麼重新穩住自我感?

收入中斷,往往不只帶來財務壓力,更深層地動搖了我們對「我是誰」的理解。在穩定就業的情況下,職位與薪資成為個體價值感的標示工具:我們用頭銜定義自己、用薪水衡量自己的成果,也用工作場所的規模、產業的熱門程度,來判斷自己是否「還走在正確的路上」。而當這些象徵性的標誌突然消失,個體面對的,不只是如何「撐過經濟空窗期」,而是如何在身分模糊與外在否定的夾擊下,繼續肯認自己。

這樣的心理撼動,在經濟重構時期格外明顯。2010 年,美國中西部一間汽車零件廠全面自動化,原有的組裝線工人被迫接受分流培訓,或選擇離職。一位年約四十七歲的操作員受訪時說:「我以為我會一直在這條線上做到退休。我是三代都在這家公司的人。當那臺機器啟動的時候,我沒想到的不是『我會不會失業』,而是我突然不知道自己還算不算是一個『有用的人』。」這種失衡來得很快,因為對他來說,那份工作早已不只是工作,而是與祖父、父親共享的社會角色,一種代代延續的尊嚴感。

第八章　當工作被奪走，人生不必一起崩塌

這樣的困境可從「自我一致性理論」加以理解。該理論由心理學家普雷斯科特·萊基（Prescott Lecky）提出，核心主張是：人們傾向維持對自我的穩定知覺，即便那個自我形象並不總是正向的。當生活事件破壞了我們原有的自我定義，就會出現焦慮與內在衝突。對上例中的工人而言，「我是家族傳承的技術人」這個穩定敘事，一旦被現代化與科技淘汰打斷，就直接挑戰了他的自我一致性，讓他不再知道如何描述自己。

這不僅是失落感，更是一種認同被架空的感受。而這樣的心理衝擊，並非只發生在體力工作者身上。一位曾在遊戲產業擔任產品經理的女性，因公司被併購後整個團隊裁撤。她形容自己當時雖然手上仍有存款，但每天早上醒來時都出現難以言喻的空白感。「不是怕沒錢用，是我不知道還有誰需要我。我以前是專案的中心，每天二十幾封信、三組人馬要等我決策。我以為那是因為我能力好，後來才發現，那些需求是角色帶來的，不是我這個人。」

她的說法，道出一種常被忽略的現象：當我們過度與職位綁定，就會將來自他人的關注誤認為對自我的認可。一旦這些互動結構解體，我們也就難以分辨「我是誰」與「我被怎麼看待」的差別。

心理學家理查德·拉薩魯斯（Richard Lazarus）提出的「認

2. 身分與收入中斷,怎麼重新穩住自我感?

知評價理論」(Cognitive Appraisal Theory)指出,情緒是個體對事件意義的主觀評價所產生的結果。當面臨如收入中斷或職稱取消等情境時,若個體將其評價為對自我價值的威脅,可能引發羞愧、自我否定等情緒反應。然而,透過再評價的過程,個體可以重新詮釋事件的意義,例如視其為制度變化而非個人能力的反映,從而減輕負面情緒的影響,維持自我認同的穩定性。

然而,這種認知重組並不容易,因為人類對「社會鏡像」的依賴根深蒂固。心理學家查爾斯·庫利曾提出「鏡中自我」(Looking-glass self)概念,指出我們是透過他人對自己的反應來建構自我形象。當工作場所、同儕互動、主管回饋消失後,個體失去了映照自己的他者,自然感到失重。在這樣的處境中,有效的策略之一,是主動創造「新鏡面」。例如,加入職涯轉換團體、參與社區志工、經營個人專業部落格等,這些行為雖然無法立刻提供收入,但卻能在不同的社會場域中創造角色與回饋,幫助個體重建對自己的觀看方式。

上述那位遊戲產業經理人在裁員六個月後,開始協助女性進入科技業的非營利組織,負責設計訓練課程。她坦言:「一開始是為了讓履歷上不要空太久,但慢慢地,我發現別人開始用新的方式介紹我——不是某間公司的誰,而是

第八章　當工作被奪走，人生不必一起崩塌

『她設計了一套針對職場女性的數據培訓系統』。那一刻我才知道，我不是非得靠一個公司或職銜才能被定義。」

這樣的轉折，不是對困境的美化，而是一種面對現實的更新式回應。自我穩定感的重建，不一定來自於拾回過去的身分，而可能是創造出一個能讓自己繼續說下去的新版本。

面對身分與收入的中斷，我們或許無法立即改變外部條件，但可以調整我們對這些角色的依賴程度。如同萊基在早期論述中所說：「一致性不等於僵化，自我可以在破裂後重構，只要它仍有一條線，是自己願意認的。」

當人不再倚賴工作來定義自我，並不表示自我價值感就此消失，而是需要轉向其他「能被看見並產生意義的行動位置」。這些位置可能來自於照顧者角色、社區參與、或創造性的興趣投入——那些未必帶來收入，卻讓人重新建立節奏與關係的參與。真正穩定的自我感，往往來自這些與人、與世界產生連結的場域，而非單一職稱所帶來的認同標籤。

3. 轉職或轉向，不等於認輸

在職涯道路上轉彎，許多人心中第一個浮現的念頭往往不是自由，而是失敗。這種感覺與當下的條件無關，無論是主動辭職，還是被迫轉職，只要偏離了原先規劃過的路線，許多人便會自然地質疑：「這樣算不算我撐不下去了？」

這份不安，並非因轉變本身，而是因「退場」在我們的文化脈絡中，幾乎等同於「投降」。多年來，努力不懈、堅持到底被視為正向價值，轉向則常被解讀為沒有抗壓性、不夠持續、經不起挑戰。這種對堅持的高度崇尚，使許多人在現實與理想出現落差時，寧願苦撐也不敢改變。

心理學研究指出，職涯轉換的挑戰往往不僅限於技能或機會的缺乏，而是源於對自我角色信念的堅持。當「工程師」、「銀行主管」或「設計總監」等職業身分不再時，個體可能會感受到自我價值的動搖。生涯建構理論強調，透過重新建構自我敘事和調整生命主題，個體能夠在新的職業道路上找到意義，維持心理的連貫性和自我認同。

在加拿大多倫多，有一位曾任大型商場物業主任的中年女性，在企業合併後失去職位。她並未立刻另謀高就，而是選擇進入社區中型超市做早班排貨員。一開始，她對身邊的

第八章　當工作被奪走，人生不必一起崩塌

每一位熟人都聲明「這只是過渡期」，但半年過去，她反而開始減少與舊同事聯絡，因為她不再知道怎麼解釋這份轉向。她坦言：「我並不覺得這份工作低人一等，但我對自己曾經的努力感到一種難以言喻的背叛感。」

她感受到的不是羞辱，而是一種失落——像是過去所有努力突然失去了意義的落差。她花了十多年爬升、適應與證明，如今突然轉到一條毫無連結的路上，並不是不能做，而是不知道如何承接自己過去的身分敘事。這也說明了，對許多人而言，轉職真正難的不是學習新技能，而是如何與過去的自己和解。

職涯研究者馬克・薩維卡斯（Mark L. Savickas）指出，轉職的真正心理挑戰，不在於技能的落差，而是來自於「職涯敘事的中斷」。當人們無法將過去的經歷與當下的選擇串連為有意義的故事時，原本穩定的自我認同會出現斷裂感，彷彿被切斷於某個情節段落之外。

然而，薩維卡斯強調，正是這樣的斷裂——若能被意識與正視——反而可能成為重新建構個人職涯意義的起點。在他的生涯建構理論（Career Construction Theory）中，職涯的發展不是直線式的邏輯累積，而是透過個體主動「重寫職涯敘事」（re-authoring one's vocational narrative），使生命經驗轉化為新的角色認同與行動意圖。

3. 轉職或轉向，不等於認輸

所謂轉向，從這個觀點來看，不是與過去割裂，而是用新的語言去延續未完的敘述。

一位荷蘭的前郵政物流主管，在歐洲郵政大整併中被迫提前退休。他起初憤怒且困惑，因為公司給出的理由不是績效，而是「數位轉型需要年輕化形象」。然而，他在一段時間後選擇投身自行車導覽工作，帶領旅客穿梭於舊市區巷弄。他說：「我從沒想過自己的職涯會變成這樣，但我發現，我不是放棄了領導力，而是把它換了個地方使用。」

這種轉向，其實不是失去，而是範疇的轉移。在傳統觀點中，職涯是垂直的，是向上移動、責任加重、報酬成長。但在變動快速的今日社會，橫向的轉換、對等的轉調、甚至主動縮減的選擇，也應被視為一種成熟的自主行動。否則，任何「不是晉升」的行為都會被污名化，讓人誤以為唯有單一路線才是成功的象徵。

職涯轉向的心理挑戰不僅源於個體內在的調適，亦與社會文化環境密切相關。當社會普遍將職業變動視為能力不足時，轉職者可能會產生自我懷疑，影響其心理韌性。相反，若社會文化鼓勵探索與容錯，個體更有可能從職涯轉變中找到新的自我定位。

然而，文化氣候往往難以即時改變，這意味著我們無法等整個社會先變得更寬容，才來決定要不要轉彎。我們能做

第八章　當工作被奪走，人生不必一起崩塌

的，是從當下的限制中，重新丈量自己可以行動的範圍。

有些人曾是主管、工程師、外商代表，如今的生活與當時毫無關聯。但這不代表過去被否定，而是代表：人生不是只走一條線，而是有能力在不同階段，選擇與現實條件對話的方式。

所謂的轉職，不是為了證明還能「往上爬」，而是允許自己承認：某些目標可以放下、某些路徑可以改寫。真正的成熟，是能在不得不改變時，仍然用自己的方式參與選擇。這不是退場，而是另一種行動的開始。

4. 從經濟壓力中找出口，也找回自主感

當收入突然中斷，我們第一時間擔心的往往是基本生存：房租、水電、子女教育、餐費、貸款，每一項都是實實在在的壓力。但更讓人感到窒息的，是那種「沒有選擇」的感覺。每天早上醒來，不是問「我今天想做什麼」，而是問「我還能做什麼？」這種被環境推著走的無力感，會逐漸腐蝕一個人的主體感與價值感，讓人不再相信自己能為人生作任何真正的決定。

失業的痛苦核心不僅是經濟壓力，更是行動自主性的喪失所帶來的心理貶值。研究指出，失業者常常感受到控制感的喪失，這種感受會導致心理健康問題的增加。因此，重建控制感和自主性對於失業者的心理復原至關重要。

莉安是一位居住在墨爾本的單親母親，過去十年都在一間食品包裝工廠擔任時薪工。她沒有高等教育背景，平日輪班、假日照顧孩子，生活雖不富裕但尚稱穩定。直到工廠在疫情後宣布關閉，她失去了收入來源，申請的補助不穩定，孩子還在念小學，無法長時間讓她離家工作。短時間內，她接了各式兼職，包括凌晨清潔工、外送平臺配送員等。但她

第八章　當工作被奪走，人生不必一起崩塌

說:「我每天在路上奔波十幾個小時，卻還是沒辦法回到過去那種『我知道下個月帳單能不能繳』的日子。」

更讓她痛苦的，是感覺自己的時間被一點一滴耗盡，卻無從規劃。她說:「我已經不是在選工作，而是在撿剩下沒人做的時間。」這句話展現了一種被剝奪選擇權的深刻經驗:當所有選項都變成「不得不」，人會逐漸失去為自己做決定的感覺。

當莉安長時間處於不得不選、不得不做的狀態時，她的自主性就遭到嚴重壓縮。這不只是收入問題，而是心理空間的縮限。研究發現，長期缺乏自主感的個體，不僅容易陷入情緒低落，還可能失去長遠規劃的能力，無法建構未來的想像。這也說明了，經濟困境往往不只是眼前的生存挑戰，更是長期的心理結構風險。

但是莉安的故事並未止步於壓力。在某次幫孩子參加社區課輔活動時，她無意間認識了一位志工媽媽，對方提到正在籌備一個家長共學小組，需要人手協助協調排程與空間借用。莉安答應試試，從每週兩次的資料彙整做起，慢慢熟悉流程後，她主動提出簡化登記方式的建議，甚至設計了 Google 表單讓報名更方便。

她說:「那是我很久以來第一次不是被交代一件事去做，而是我想到什麼可以主動提出來，然後真的被採用。」

4. 從經濟壓力中找出口，也找回自主感

這個小小的行動對她意義重大。不是因為有報酬（實際上沒有），而是她重新感覺到：自己不只是應付生活，而是在參與生活。她開始重新安排工作時段，把清潔工作集中在清晨，把接案時間壓縮，留出每週幾小時參與共學小組，逐步找回日程的節奏感。

這樣的行動雖然無法立刻改變她的經濟條件，卻對她的心理結構產生了重要的重建。當一個人不再相信自己有能力產生改變時，希望感就會降低。但只要開始設定具體的目標，並採取哪怕是最微小的行動，就能讓人重新相信「我還有出路」。

莉安開始透過社群平臺分享她協助共學的經驗與資源整合方式，意外吸引到更多單親家長加入，她被推舉為組織聯絡窗口，甚至獲得一次在在地電臺專訪的機會。她說：「我從來沒想過這些經歷會讓人想聽我說話。但現在有人跟我說，他們也開始思考怎麼調整生活，而不是只是撐下去。」

這並不是一條「逆轉勝」的勵志故事，因為莉安的經濟狀況仍舊緊繃，未來也未必明朗。但她正在實踐的，是一種在壓迫之中尋找心理主權的方式。不是將壓力視為敵人，而是學會與壓力共處、從中建立行動的起點。這樣的轉變，不需要資格、證照或高學歷，只需要一段對自己說：「我不只是在撐，我也在選擇」的空間。

第八章　當工作被奪走，人生不必一起崩塌

　　當我們面對經濟壓力時，容易把所有焦點都放在收入數字上，卻忽略了：自主感也能是一種資源。它不會立即解決房租問題，卻會讓我們不再覺得自己只是問題的一部分，而是有能力參與解法的一員。這樣的認知轉變，是心理健康的基礎，也是在現代職涯多變時代中最關鍵的心理資本。

　　如果說困境會讓人失去掌控感，那麼自主感的重建，就是我們在困境中最實質的回擊。不是為了證明堅強，而是為了讓我們記得：即使在最被壓縮的時候，我們仍有選擇的可能，仍有定義生活的空間。

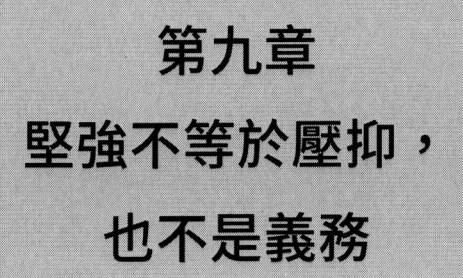

第九章
堅強不等於壓抑，也不是義務

第九章　堅強不等於壓抑，也不是義務

1. 為什麼我們不敢承認自己已經撐不住了？

有些人從來不曾說過「我累了」，即使身體疲憊、心裡混亂，仍照常打卡、應對、笑著說「沒事」。當他們偶爾沉默，只會引來旁人一句「你今天怎麼這麼不一樣？」彷彿維持堅強、正常、穩定，才是一個「功能正常的成人」該有的姿態。脆弱不是不能有，而是不能被看見。

這樣的內化歷程，往往並非短期形成，而是在長期社會互動中逐漸建立起來的。美國社會學家亞莉・霍奇查爾德（Arlie Russell Hochschild）在其 1983 年著作《心靈的整飾》（*The Managed Heart*）中提出「情緒勞動」（emotional labor）概念，指出：現代人在職場與家庭中，除了扮演社會角色，還需學會調整與演出特定情緒，以符合外界期待。她進一步區分「表層演出」與「深層演出」，分別代表情緒外顯的調整與情緒內在的轉化。這些制度化的情緒管理行為，不只形塑了個體的行為模式，也逐步滲入自我認同之中，成為我們學會「如何去感覺」的過程。

這種情緒勞動不僅存在於服務業，更深植於性別文化與家庭角色期待之中。從小被教導要「懂事」、「撐住」、「不要

1. 為什麼我們不敢承認自己已經撐不住了？

麻煩別人」的孩子，長大後即使陷入情緒困境，也會傾向選擇沉默或硬撐，因為他們學到一件事：「表現出需要幫助，會讓人不安；示弱，是一種負擔。」

羅倫是一位46歲的男性，從事公部門行政工作，太太罹癌後長期臥床，他除了上班，還要負責照顧家庭與小孩。朋友說他是典型的「扛起來就不放的人」，他總是說「我沒事，這點事還扛得住」。直到有天他在醫院的電梯裡失聲痛哭，被護理師攙扶時，才發現自己已經超過半年沒有真正睡過一個完整夜晚。他回憶：「我不是不知道自己快撐不住了，而是我真的不知道怎麼說出口，也不知道說了會不會有人接得住。」

這句話點出了許多人的心理困境：不是不想承認，而是害怕承認以後會失控。當「堅強」被等同於「不情緒化」、「能解決事情」、「不需要被照顧」時，一旦承認撐不下去，就像是自我形象瞬間崩解。更棘手的是，這種自我約束常常受到外界的獎賞強化──越能隱忍、越能自理的人，越容易被視為值得信賴，於是更難允許自己示弱。

而這種壓抑，並非全然來自社會期待，更深層地反映了我們對自我價值的認定方式。長期研究情緒調節的心理學家詹姆斯·格羅斯（James J. Gross）在其「情緒調節歷程模型」中，將人類對情緒的因應方式區分為兩種：表達性

第九章　堅強不等於壓抑,也不是義務

抑制(expressive suppression)與認知再評估(cognitive reappraisal)。前者是情緒已經產生後,選擇壓抑其外顯行為;後者則是在情緒生成前,透過改變對事件的詮釋方式來調整感受。

大量研究指出,雖然表達性抑制有助於短期維持社交功能,卻與長期的心理健康風險(如焦慮、憂鬱、自我疏離)高度相關;反之,認知再評估則與更高的心理彈性與情緒穩定性有關。情緒的管理方式,從來不只是策略選擇,更與我們如何看待自己、允許自己感受什麼息息相關。

我們不敢承認自己撐不住,是因為從小被訓練要「有用」,而不是「有感」。在家庭、學校、職場,我們學會如何解題、規劃、完成目標,卻很少被教導怎麼面對自己的情緒。甚至連「累」、「煩」、「沒動力」這些日常情緒,都會被視為懶散或不夠成熟的表現。這種對情緒的壓抑,逐漸成為一種「正常人該有的模樣」,讓人不知不覺在日常裡演出一套完好無缺的樣子。

在這樣的文化環境中,一旦情緒真的滿出界線,我們會覺得羞恥,彷彿失控是道德上的缺陷,而不是人之常情。許多人說不出口「我快不行了」,是因為說出來的那一刻,不只代表求助,也像是在承認自己不夠堅強、不配獲得尊重。

但事實是,真正令人尊敬的,不是堅持到崩潰,而是能

1. 為什麼我們不敢承認自己已經撐不住了？

在還有選擇的時候，誠實面對自己的極限。真正的成熟，不是情緒上的無懈可擊，而是能夠區分「我需要休息」與「我逃避責任」的差別。

在許多心理治療與人際復原案例中，有一個現象反覆被提到：當一個人第一次說出「我不行了」時，真正改變的不是外在情境，而是他重新承認自己也是需要照顧的那一部分。那一刻，不是失去自我，而是找回一種久違的聯繫感。聯繫的不只是他人，也包含與自己的真實情緒連結。

羅倫的狀況後來有所改善，他在醫院社工的轉介下參加了壓力支持小組。他說，真正讓他開始好轉的，不是有誰幫他解決問題，而是他第一次聽見自己說出：「我真的很害怕我如果倒下了，這個家會怎樣。」那句話說完，他哭了很久，但那是他多年來第一次不是為別人哭，而是為自己哭。

也許，承認撐不住，不是懦弱，而是一種誠實；是一種還願意對生活懷抱信任的人，才會選擇的冒險。

■ 第九章　堅強不等於壓抑，也不是義務

2. 情緒壓抑，是一種代價高昂的防衛

　　有些人學會太早成熟。他們在壓力下總是面帶微笑，工作再多也說「還可以」，明明內心焦慮、疲憊，卻習慣說「我沒事」。這樣的自我調節看似堅強，實則是一種長期運作的防衛機制——情緒壓抑。

　　情緒壓抑，是我們為了生存、效率與社會期待所做的選擇。然而，它的代價，遠比我們想像中高。不是因為壓抑本身錯誤，而是當壓抑成為慣性，當我們對自己的情緒越來越無感，最終會逐漸失去一項關鍵能力：與自己對話的能力。

　　這不是抽象的問題，而是每天發生在職場、家庭、人際關係中的現實。企業內部策略部門的主管婉茹，外表冷靜、工作效率高，經常是高層的首選簡報人選。在一次跨部門簡報會議中，當面對一位資深男性主管的公開指責時，她竟無預警地落淚。會議室一片沉默，而她自己也感到震驚——不是因為情緒失控本身，而是她意識到：「我已經不記得，上次在工作中表現出情緒是什麼時候了。」

　　婉茹後來接受心理諮商，談到自己的情緒時，她說：「我知道我不是真的不會難過或害怕，只是我一直告訴自己沒時

2. 情緒壓抑,是一種代價高昂的防衛

間、不值得,也沒有空間可以表現那些情緒。」在她眼中,情緒變成了職場不被允許的語言,甚至是一種會拖累效率與人設的風險。

這種壓抑型人格,常出現在高成就女性身上,特別是那些在男性主導文化中晉升的人。社會對「理性、穩定、自控」的正面想像,與對「敏感、情緒化、易受影響」的負面標籤,讓許多女性從職涯初期就學會將內在感受收起,只呈現「好用的版本」給他人。這種壓抑並非虛假,而是一種高功能的調節方式。但當這種方式成為唯一可行的表現策略,便會讓人逐漸與自己的情緒失去連結,甚至出現心理疲乏與身體症狀。

這種壓抑其實並不只是情緒管理上的習慣,更是一種神經層次上的失連。神經科學家暨心理學家麗莎·費爾德曼·巴雷特(Lisa Feldman Barrett)提出的「情緒建構論」(Theory of Constructed Emotion)指出:情緒不是與生俱來、固定不變的反射反應,而是大腦根據當下的身體狀態(interoception)、過去經驗與語義知識所建構出來的推論過程。

當我們長期忽略或壓抑自己的感受,例如明明委屈卻選擇不解釋、感到疲倦卻強迫自己繼續撐住,大腦便會逐漸失去辨識與標定這些內在狀態的能力。這種現象被稱為「內部感知模糊化」(interoceptive imprecision),會導致我們難以

第九章　堅強不等於壓抑，也不是義務

清楚辨認自己正在經歷什麼情緒，只知道「不舒服」，卻說不出那是悲傷、憤怒還是焦慮。

巴瑞特的研究指出，這樣的情緒建構障礙，不僅會削弱我們調節情緒的能力，還會增加身心症狀的出現機率，因為未被理解的情緒張力往往會透過身體來發聲。換言之，當情緒不再被命名與理解，它們便會被壓進肌肉、內臟與呼吸模式中，形成我們誤以為是「生理問題」的心理訊號。

婉茹在落淚事件後不久，出現了睡眠障礙、消化不良、注意力難以集中等身心症狀。她在諮商中說：「原來我早就撐不住了，只是我的理性一直用一種語氣說：這不是重點，先把事情做完再說。」而當這個語氣太久沒有被打斷，人就會漸漸不再相信自己的感受是值得傾聽的。

壓抑情緒也會削弱人際互動中的真實連結。在家庭中，情緒被壓制的人常被誤解為「不溫柔」、「距離感強」，在親密關係中，則容易出現「功能正常但情感匱乏」的狀態。婉茹的伴侶曾說：「我一直以為妳不需要安慰，因為妳什麼都處理得很好。」這種誤會，其實來自於她長期給出的訊號──情緒不是我的語言，理性能解決一切。

然而，真正的情緒調節，不是把感受隱藏起來，而是學會辨識與轉化。這並不意味著要把每一種情緒都赤裸裸地攤開給世界看，而是要給自己一個不需防衛的空間，讓情緒先

2. 情緒壓抑,是一種代價高昂的防衛

被自己承認,而不是一出現就被駁回。

在心理治療與情緒教育中,一個核心練習是:讓情緒有通過身體的權利。不一定要當場宣洩,但要能讓它被經驗,而不是壓進肌肉裡、壓進胃酸裡、壓進自我評價裡。壓抑的反面不是爆發,而是允許。允許自己悲傷、感到委屈、承認疲倦,這些不是情緒化,而是完整的感知力。

情緒不是絆腳石,而是訊號。真正的問題,不是我們為何會有情緒,而是我們為何總以為情緒必須被修正,才能被接受。婉茹後來在諮商歷程中,學會定期書寫情緒日誌,也嘗試在小型團隊會議中練習說「這讓我有點壓力」而不是「沒問題我來處理」。這些改變看似微小,卻是她走出長期壓抑、重新連接自己的開始。

情緒壓抑之所以代價高昂,不是因為它本身多麼可怕,而是因為我們總以為「不能有情緒,才是成熟」。但成熟應該是一種選擇的能力,而非一種麻痺的習慣。

■ 第九章　堅強不等於壓抑,也不是義務

3. 脆弱的表達,是連結與修復的起點

在許多關係中,人們其實不是不想靠近彼此,而是不知道怎麼靠近。比起憤怒、疏離、冷淡,真正讓人困住的,是那個「我其實有話想說,卻不知道怎麼說」的時刻。明明內心有話、有情緒,卻一開口就變成防衛、責備、沉默,結果讓距離更遠。這不只是表達技巧的問題,而是我們早已習慣:把脆弱藏起來,當作生存的必要條件。

美國社會工作者與研究學者布芮尼・布朗指出,「脆弱」(vulnerability)並不是脆弱無能,而是一種願意暴露真實內在、承認不確定性與風險的行為。她在多年質性研究中反覆驗證一項關鍵命題:真正的信任與連結,建立在個體願意展現不完美的能力上,而非無懈可擊的外表。她明確指出:「脆弱是連結的前提。沒有脆弱,就沒有信任,也沒有真正的關係。」

然而,在多數社會文化中,「脆弱」往往被誤解為「情緒化」、「不成熟」、「會拖累他人」,這樣的價值預設使得人們從小就被教導要收斂情緒、避免顯露痛苦,甚至學會用效率、冷靜與自控取代真實表達。布朗將這種現象稱為「情緒

3. 脆弱的表達，是連結與修復的起點

盔甲」：我們為了保護自己不被拒絕，便將情緒層層包裹，試圖用理性遮蓋每一次內在的不安與疑問。

這不只是一種個人選擇，更是文化長期塑造下的集體適應機制。特別是在競爭強度高、標準明確的社會結構中，展現情緒常被視為不專業、不穩定的象徵。布朗指出，許多高功能運作者其實內心極度孤獨，不是因為沒有人願意靠近他們，而是他們早已習慣將「需要支持」視為一種風險，而非一種關係的開端。

她在《脆弱的力量》(*Daring Greatly*)中提到：「我們不可能選擇性地關閉情緒。」當我們為了躲避痛苦而拒絕經驗脆弱感，我們也同時關閉了喜悅、共鳴與歸屬的可能。換句話說，脆弱不是我們需要克服的障礙，而是我們需要學會與之共處的基礎語言。若我們希望建立真實且有深度的關係，就必須學會打開那些不被文化鼓勵的話題：害怕、不確定、遺憾與需要。

佳恩是名17歲的高中生，個性內向、學業中等。她與父親的關係一直有些緊繃。父親是科技業中階主管，講話邏輯清晰、重視效率。從國中起，佳恩開始漸漸避開與父親談話，不是因為他兇，而是因為「每次我講感受，他都說這沒什麼，或叫我想開一點，弄得我好像很矯情」。她曾在學校輔導室說：「我覺得他根本沒在聽，他只是想讓我趕快冷靜

第九章　堅強不等於壓抑，也不是義務

下來，這樣他就不用不舒服。」

從父親的角度來看，他不是不在意女兒，而是不知道怎麼回應。他曾說：「我只是想讓她振作起來，因為我看到她那樣難過，我很不安。我想幫她找解法。」這種出於保護的「修復本能」，常讓大人無意中忽略了孩子需要的，不是立刻被解決，而是被理解。

心理學家蘇・約翰遜（Sue Johnson）在她的成人依附研究中指出，真正能夠促進親密關係修復的，不是解決問題的能力，而是情緒上的「可接近性」（emotional accessibility）。也就是說，當對方感受到「你在情緒上是對我打開的」，關係才有可能恢復安全連結；反之，即使你在行為上努力維繫，但若情緒上處於封閉狀態，關係仍會持續疏離。

佳恩的轉變，發生在一場輔導老師安排的親子晤談中。老師引導兩人分別描述「最近一次吵架之後的感覺」，佳恩說：「我其實不是想你道歉，我只是希望你能陪我難過一下，而不是立刻叫我不要想那麼多。」那是她第一次這麼直接地表達需求。

她的父親沉默了一會，然後輕聲說：「我一直以為我是在幫妳。其實我自己也懂妳會一直陷在那個情緒裡，只是我不知道怎麼辦，所以我用我最熟悉的方式想讓事情好一點。」他說完後，兩人沒有馬上和解，但那次談話之後，父

3. 脆弱的表達，是連結與修復的起點

親開始學會說「我懂妳現在一定不好受」，而不是直接分析或糾正她的情緒。

這樣的轉折，不是技巧的展現，而是一種選擇：選擇冒著失控與不確定的風險，把內在經驗說出來。也就是說，「脆弱的表達」其實不是示弱，而是一種關係的邀請，是對彼此說：「我願意打開這一塊，你願不願意也靠近一點？」

但為什麼這麼多人會害怕這種表達？原因之一，是我們習慣將「安全」與「不動搖」畫上等號。脆弱太像失控，而我們被教導要穩定、理性、可靠。於是當某段關係需要我們揭露內在情緒時，我們往往會先問自己：「這樣會不會太多？他會不會覺得我在情緒勒索？」而不是問：「這是不是我真正的感受？」

脆弱的力量，來自於它是人的真實狀態。它讓我們知道，「我不需要完美才值得被靠近，我只需要誠實」。在一段健康的關係裡，這樣的誠實不會被視為負擔，而是一種信任的試探。

回到佳恩的故事，她後來曾說：「那天我爸不是變了什麼，但我感覺我們有一點點像隊友了。以前我講話都像對著牆，但那次我有種他真的聽進去了的感覺。」這樣的感覺，無法用道理創造，只能靠情緒上的真誠交換。

在我們的生活裡，總有一些對話沒說出口、一些感受沒

■ 第九章　堅強不等於壓抑，也不是義務

被承認。這些沉默，不是因為我們無話可說，而是因為我們害怕說了之後，會不被理解。脆弱的表達，就是把這些沉默換回來的第一步。

真正讓關係回暖的，從來不是一次完整的溝通技巧，而是一次「我願意真實地讓你看見我」的決定。

4. 練習「不堅強」的勇氣，讓自己自由一些

堅強是值得敬佩的特質，但如果成為唯一能被接受的樣子，就會慢慢變成一種壓力。當人長期處於「不能軟、不能倒、不能說累」的狀態，內心其實是逐漸失去空間的。更深層的問題是，我們不只是習慣了堅強，而是害怕「不堅強」的後果：會不會被看不起？會不會失控？會不會讓別人更失望？

然而，真正的自由，往往不是從再撐一下開始，而是從承認「我需要放下」的那一刻，才真正啟動。

柏德是一位五十歲的法律顧問，執業二十餘年，思慮縝密、邏輯清楚，是業界公認的「能扛事的人」。同事曾說，他是一個「永遠不會讓壓力洩漏出去的人」。但在一次車禍後，這套外殼被迫暫停運作。他腿傷嚴重，需長期復健，同時家中老母病重，孩子又正值升學壓力期。面對突如其來的多重照顧責任與無法工作的現實，他首次在診間對主治醫師低聲說：「我一直以為自己撐得住。」

這句話不是示弱，而是一種鬆動。過去的他，不允許自己對家人說累，不會對客戶說「我今天可能沒辦法處理」，

第九章　堅強不等於壓抑,也不是義務

甚至連朋友邀約都會以「最近太忙」作為擋箭牌。他不是無情,而是把「堅持到底」視為成年男性唯一可行的自我形象。這種形象,成就了他的專業與信任,但也悄悄把他困住。

心理學家喬治・瓦利安特(George Vaillant)在其長達數十年的哈佛縱貫研究中,提出了「防衛機制成熟度模型」(Hierarchy of Defense Mechanisms),用以解釋人們在面對情緒壓力時,如何透過潛意識機制維持心理穩定。他將防衛機制區分為四個層次,從最原始的「否認」與「投射」,到中等成熟度的「壓抑」、「理性化」,再到最成熟的如「昇華」、「幽默」、「預期」與「利他行為」。

他指出,當個體無法允許自己經驗脆弱時,往往會傾向使用較僵硬或未成熟的防衛策略——例如否認痛苦、用邏輯壓過感受、或將情緒簡化為任務導向的回應。這些策略短期內可以維持行為上的穩定,但長期使用,反而會阻斷自我與內在情緒的連結,形成一種「情緒凍結」的心理結構。人們看似運作良好,內心卻逐漸失去調節與表達情感的能力。

相較之下,瓦利安特認為成熟的防衛機制並非否定情緒,而是在承認其存在的前提下,找到更靈活的表達與轉化方式。例如幽默是一種能帶著情緒說真話的策略;昇華則將內在衝突轉換為創造力或助人行動;延後反應與預期則代表

4. 練習「不堅強」的勇氣，讓自己自由一些

個體有能力承受不適，而非立即逃避。這些策略不只是防衛，也是一種心理彈性的展現，能讓人在保有自我一致性的同時，仍能適應現實與他人互動。

瓦利安特的研究強調，「心理健康不只是沒有症狀，更是使用成熟防衛機制的能力」。這提醒我們，壓抑本身不是錯，而是當它成為慣性與唯一的選項時，才會逐漸剝奪我們經驗情緒、與他人連結、並與自己誠實相處的可能。

柏德的狀況，正是從僵化轉向彈性的過程。他開始允許自己說「我今天先處理家裡的事，工作明天再說」，也學會對家人說「我不知道該怎麼辦，但我願意一起想辦法」。他並沒有變得脆弱無助，反而在承認自己非萬能之後，與身邊人的互動變得更真實，也更有支持感。

這樣的轉變，常被誤解為「放棄自律」、「情緒化」、「效率降低」。但事實上，這是一種更成熟的心態轉向——不再以堅持撐到底來證明價值，而是懂得在恰當的時候停下，重新安排步伐。

在諮商與臨床心理實務中，許多個案的轉折點，不在於問題解決了，而是在某個時刻，個體允許自己說出那句：「我不想再一個人撐了。」那不是無能，而是一種真誠。因為在那之前，他們往往用盡所有精力維持表現、穩定情緒、安撫他人，卻從未將同樣的關照留給自己。

第九章　堅強不等於壓抑,也不是義務

　　放下堅強的姿態,需要勇氣。它不像鍛鍊肌肉那樣能看到可量化的進步,而是每天都要面對一個難題:我能不能相信,就算我不那麼挺直身體、不那麼從容不迫,身邊的人也仍然願意接住我?

　　在文化層面,「不堅強」常常被視為一種危險。這種認知特別容易出現在「責任導向」的人格中,無論是照顧者、領導者、家庭支柱,他們多半將「撐得住」視為對身邊人的保護,而忘了:沒人能永遠當避風港,風也會吹倒燈塔,讓它需要別人的光。

　　練習不堅強,並不代表從此脆弱、被動、逃避責任。它代表我們願意在某些時刻,承認限制、承認疲累,也承認:人本來就不該永遠獨撐全場。

　　心理上真正的自由,不是從來不倒,而是可以倒下後不自責;可以說「今天我不行」,而不是硬撐著做得像沒事一樣;可以不裝堅強,還被尊重。

　　柏德在康復期最後一次回診時說:「我學會的最大一課,不是什麼身體機能重建,而是:原來我也可以說我需要幫忙,然後,事情還是會走下去。」這句話聽來簡單,卻是在數十年堅硬習慣之後,才開出的柔軟聲音。

　　所謂自由,不是從所有責任中逃離,而是能在責任中保有真實情緒的空間。那樣的空間,才是讓人活得持久、關係

4. 練習「不堅強」的勇氣，讓自己自由一些

能修復、內心不再硬撐的開始。

如果你長年扮演堅強的人，不妨從一件小事開始練習「不那麼堅強」──說一句「這件事我可能做不到」，或允許自己在別人面前沉默而不是解釋，那些看似微小的讓步，可能就是你從控制走向自在的起點。

第九章　堅強不等於壓抑，也不是義務

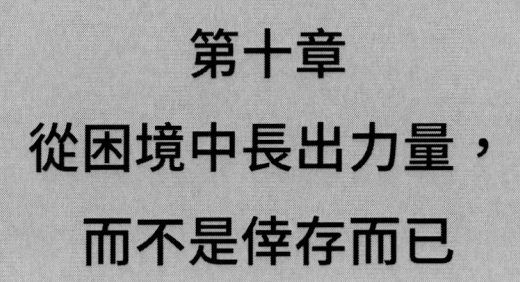

# 第十章
從困境中長出力量，
　而不是倖存而已

第十章　從困境中長出力量,而不是倖存而已

1. 只是活著,不等於真的走出來了

有時候,我們會用「我撐過來了」這句話來安慰自己,也試圖向世界證明:我沒事了。但那個「沒事」,真的表示內在也一起復原了嗎?

許多人在經歷重大創傷、重病、喪失、離婚、解雇等人生斷裂後,最先恢復的是外在功能。他們能上班、說笑、應酬、打理生活,彷彿一切如常。甚至連親近的人也會說:「你真的很堅強」、「你好快就恢復過來了」。但只有他們自己知道,內心仍像一塊尚未癒合的傷口 —— 沒有痛感,不代表已經痊癒;看起來動了起來,不代表已經走得出去。

芷寧是位 30 歲的公關專員,在兩年前罹患罕見免疫系統疾病,歷經住院、治療、副作用與數次感染,最後順利康復出院。她的醫療紀錄上寫著「完全緩解」,朋友們送上祝福,主管為她的回歸感到高興,她也笑著說:「我回來了。」

但回到工作崗位後,芷寧發現自己對原本熟悉的專案提不起勁,對客戶的期待容易感到煩躁,甚至出現記憶短暫空白、夜晚易醒等症狀。心理上的感受更讓她困惑 —— 不是憂鬱,也不是恐慌,而是一種「我好像還不在這裡」的距

1. 只是活著，不等於真的走出來了

離感。她說：「我知道我活下來了，但我不知道要怎麼活回來。」

在創傷復原與心理治療的領域中，有一種現象雖非正式術語，卻被不少臨床實務者以「空心復原」（hollow recovery）來形容。它描述的是：一個人看起來似乎已經恢復——重新回到工作崗位、完成日常任務，甚至可以與人正常互動，但在心理層面，卻仍感覺不到真正的連結與情緒回應。這種復原狀態外在完整，內裡卻空洞，使人陷入一種悄無聲息的消耗狀態。

創傷治療專家茱蒂絲・赫曼（Judith Herman）在《創傷與復原》（*Trauma and Recovery*）中指出，創傷經歷的修復不應只停留在功能回歸，而必須包括情緒與經驗的整合。若未經歷哀悼、命名與敘說的過程，個體就容易「過早復原」——在人際與社會要求的驅動下，跳過情緒整合的關卡，直接進入表面恢復狀態。這樣的狀態並不罕見，特別是在社會文化將「快速振作」視為堅強象徵的語境下，個體常因害怕讓他人失望，而選擇壓抑仍在運作的內在痛感。

精神科醫師貝塞爾・范德寇（Bessel van der Kolk）在《身體從未忘記》（*The Body Keeps the Score*）一書中也提到，創傷對情緒腦區與身體感知系統有深層影響，若這些反應未被處理，個體即使表面正常，仍可能持續經歷情緒麻木

185

第十章　從困境中長出力量，而不是倖存而已

（emotional numbing）、解離（dissociation）與人際疏離。這不是不夠努力，而是心理還在等待一次真正被理解與接觸的機會。

空心復原並不是假的復原，它是片段性的、無法內化的復原。當一個人明知道自己應該「好起來」，卻感覺不到真正的平靜與歸屬，那可能不是他有問題，而是他的痛還沒有足夠的空間被說出來。真正的整合，從來不是「重新表現得正常」，而是「重新學會感覺自己還活著」。

芷寧就是這樣。她的復原曲線在醫療結束後並沒有結束，而是進入另一種看不見的難題。她甚至開始質疑自己是否真的「完全復原」，彷彿每一次愉快都是對過去痛苦的背叛。真正困難的，從來不是走出醫院，而是允許自己再次相信生活可以有期待。

在她的心理諮商歷程中，諮商師問她：「妳覺得自己真的從那段經歷中走出來了嗎？」她沉默許久後說：「我其實一直在逃避談那段日子。我告訴自己撐過來了就好，不要再碰，但我現在發現，那段東西還卡在我身上，只是沒發出聲音。」

這段回答，道出了一個關鍵：我們不只是需要「生存下來」，還需要「重新與生活產生關係」。真正的復原，不是指標回穩，不是行為正常，而是個體重新能夠在生活裡感受到

1. 只是活著,不等於真的走出來了

主體性 —— 我有選擇,我能在事件中找到意義,我仍與他人與世界產生連結。

創傷或困境過後,會出現一種常見的心理模式,稱為「倖存者模式」(Survival mode):高功能、能應對、能處理、能向前走,但過程中卻排除了情緒、感受與反思。它是一種為了繼續前進所產生的心理保護裝置,初期確實有效,但若無後續整合,便會讓人長期停留在僅止於「沒倒下」,卻不再成長的狀態。

芷寧後來開始書寫那段住院期間的日記,並第一次對朋友說出那段經歷中她的恐懼與羞愧。她說:「我以前會說『沒事啦,只是住院一陣子』,但我現在會說,那是一段我真的很痛的時光。」這樣的說法看似微小,卻是她開始從敘述中找回生活感與方向感的起點。

當我們只談論「恢復了沒」,就會忽略一個更重要的問題:「這段經歷之後,你與生活的關係改變了嗎?」如果答案是「我還不確定」,那或許就是一個訊號:我們還在路上,還在努力讓生活重新對我們說話。

只是活著,不等於真的走出來了。走出來,意味著你不再只是迴避過去,而是開始允許過去成為一段你可以述說、理解、編排的經歷。它不需要完美收束,但它要能被你接住,作為你人生的一部分,而不是你永遠要遮掩的暗角。

第十章　從困境中長出力量，而不是倖存而已

　　在創傷之後真正走出來的人，他們不一定樂觀、不一定積極、不一定強壯，但他們有一種穩定：他們不再逃避自己。他們不急著把一切都「修復好」，而是學會與破碎共處、與空白對話，然後慢慢從那些縫隙裡長出新的東西。

2. 創傷不是傷痕，是正在發生的重組

在多數人的理解中，「創傷」常被想像成一段已經過去的事件、一場已經被時間埋葬的痛。但真正的創傷並不總是像一道結痂的疤，它更像是一場未完的工程 —— 不是過去的痕跡，而是持續進行中的重組。它沒有明確的結束點，也不會照著時間邏輯自然好轉。有些時候，你甚至以為自己已經走出來了，但某一個瞬間、某一句話、某一種表情，就能讓你再次掉進那個不曾結束的情緒循環。

阿昱是一位 42 歲的資深業務主管，離婚七年，兒子由前妻扶養。他總說自己早就釋懷：「我過得也不差，彼此安好就好。」但在一次公司年度檢討會上，他與同事因為細節安排起了口角，主管在臺上公開責備他不夠精準。那天下班後，他在車上失控地大哭。他說：「那並不是最重大的責難，但我當下有一種強烈感覺：我又一次沒被看見。」

這樣的情緒反應，不是邏輯不清，也不是「想太多」，而是創傷仍在作用。它可能早已脫離原始事件本身，但仍透過身體反應、思考模式與情緒調節方式，潛伏在日常之中。心理學家發現，創傷並不是一個過去式的名詞，而是一種會

第十章　從困境中長出力量,而不是倖存而已

殘留於系統中的經驗 —— 它能夠在語言裡重演,在記憶裡翻攪,也能透過身體反射出來。你明明過得正常,卻在某句話、某個情境裡,突然心跳加快、情緒泛濫,然後告訴自己:「我怎麼還是放不下?」但這不是因為你不夠理性,而是因為創傷尚未整合完成。

心理學家理查德・特德斯奇與勞倫斯・卡爾霍恩在1990年代提出的「創傷後成長理論」對這類經驗提供了新的理解框架。他們指出,創傷本身不保證成長,甚至可能帶來長期失能;但當個體開始意識到原有的信念系統 —— 包括「我是誰」、「世界應該怎樣運作」—— 已被劇烈衝擊並瓦解時,便進入了一段心理重組的關鍵歷程。

這段歷程並不線性,也不光明。它往往從失序開始,從懷疑自我開始。特德斯奇與卡爾霍恩強調:「創傷後的成長不是恢復舊有秩序,而是創造新的秩序。」這不是一種往上累積的修復,而是一種向內翻整的重組。你可能會發現自己對某些價值不再執著,對某些關係有了全新理解;你不再追求「回到從前」,而是開始問:「那我現在要活成什麼模樣?」

復原不是重建原貌,而是讓你能在新的情境裡,長出新的反應與行動方式。這個「新」,不是勉強裝出來的堅強,而是一種經歷了崩解之後,仍願意建立新敘事的勇氣。創傷從來不是成長的保證,但它確實是重組的入口 —— 讓你重

2. 創傷不是傷痕，是正在發生的重組

新定義什麼叫做安穩，什麼才算得上是自己的選擇。

阿昱的痛點不是那場離婚，而是那段婚姻帶給他的「自我訊息」——我不夠好、不值得被留下、不需要表達情緒。他過去認為自己已經釋懷，其實只是將這些訊息包裝進「理性分析」裡：是我們溝通不良、是我們個性不合、是人生選擇不同。但這些理性化的語言，並未真正處理那些未竟的失落與挫敗。

在創傷後的心理歷程中，「情緒與認知的交錯循環」是不可避免的，而這種非線性的修復，也正是瑪格麗特・史卓比與亨克・舒特提出的雙重歷程模型所說的關鍵過程。他們在研究哀傷復原時指出，健康的心理調適不是一條直線，而是在「面對喪失的痛」與「暫時抽離並投入生活任務」之間不斷擺盪。這種擺盪雖不穩定，卻是真正整合創傷經驗的必要歷程。

阿昱在之後的諮商中提到，自己很抗拒「脆弱」這個詞，因為他認為那會讓人失去效率與掌控感。但他也慢慢發現，那場職場情緒爆發並不是突如其來，而是多年來「沒能承認自己還在痛」的總和。他開始學習分辨哪些反應來自當下、哪些是過去事件殘留的延遲效應。這種分辨能力，不是為了追究原因，而是為了理解：「我不是不穩定，而是我還在重組。」

第十章　從困境中長出力量，而不是倖存而已

　　創傷的重組不只是情緒層面的處理，更是行為模式的重寫。阿昱發現自己在親密關係中習慣「先疏離」，一有衝突預感就保持距離，甚至用冷靜、理性、沉默等方式來「控制局面」。這些行為看似成熟，實則是對過去關係破裂的預防性反應。這樣的預防，讓他免於再次受傷，也同時阻隔了真正的情感連結。

　　心理學上常說：「創傷是身心對危機的適應過程產生偏差的結果。」但重組則是回到這些偏差之處，重新建立選擇的能力。當人開始意識到「我為什麼總是在某種情境下反應過度」時，便能將過去從「背景影響」轉為「可調整的參數」。這是復原真正開始的地方。

　　阿昱後來在工作與生活中試著做了一些改變。他開始在簡報前對團隊說「我有點緊張，因為我很在意這次的呈現」，他也第一次在和兒子見面時主動說出跟兒子分享自己的心境。這些話語的背後，不只是脆弱的示意，更是重新進入關係的企圖。

　　真正走在創傷重組路上的人，不是那些表現得「已經沒事」的人，而是那些願意承認：「我還沒完全整合好，但我願意慢慢練習」的人。他們的痛沒有消失，只是被放到了可以對話的位置上，不再是被壓下、被消音的東西。

　　創傷不是一條直線上的「過去式」，而是時間與身體共

2. 創傷不是傷痕，是正在發生的重組

同交織出的「現在進行式」。它可能會時不時出現，但只要我們願意面對、重新定義、調整位置，那它就不再只是傷痕，而會是一場深度重組的起點。

有時候，我們之所以難以從創傷中前進，不是因為事件太重，而是因為我們太急著成為「已經好了」的那個人。真正的整合，常常從允許自己還沒完成開始。不是退步，而是一次深層而誠實的停下——為了讓我們重新選擇怎麼繼續走下去。

也許，我們無法改寫創傷的發生，但我們可以參與它的重構。讓它不再決定我們是誰，而只是告訴我們：這段路，我們真的走過，而且還在繼續。

■ 第十章　從困境中長出力量，而不是倖存而已

3. 從痛苦中提煉意義，打造內在敘事

經歷過痛的人，都知道痛苦不是結束之後才開始的，它往往是事件過去後才真正浮現。也因此，最困難的那一段，從來不是撐過去的過程，而是撐過後的茫然：我經歷了這些，然後呢？

面對創傷後留下的斷裂與片段，意義建構更像是縫補——把那些原本無法連起來的情節，重新接上敘事的線。它不追求正確答案，也不保證立即療癒，而是讓人有機會重新提問：這段經歷對我而言，意味著什麼？它怎麼改變了我看待世界與自己的方式？又有沒有可能，這段經歷能夠被說成一個我能接受，甚至能走下去的故事？

哲學家與精神科醫師維克多・法蘭克（Viktor Frankl），是 20 世紀存在主義心理學的重要代表人物。他在二戰期間被囚於納粹集中營，失去了家人與自由，卻在極端的苦難中提出一個深具力量的觀點——人類的心理健康與韌性，並不根源於快樂、成功或安全，而在於對「生命意義」的追尋。他將這個觀點發展為一套完整的治療取向，稱為意義治療（Logotherapy）。

3. 從痛苦中提煉意義，打造內在敘事

在他的經典著作《活出意義來》(*Man's Search for Meaning*)中，法蘭克寫道：「人類可以承受幾乎任何的『怎麼做』(how)，只要他能找到一個『為什麼』(why)。」這並不是鼓吹苦難本身有價值，而是指出，當人能夠主動為經歷賦予意義，苦難就不再只是被動的折磨，而可能成為重建內在秩序的契機。意義不是來自外部環境的改變，而是來自一種內在的主體選擇——即使所有控制感都被奪走，人仍然保有「選擇態度」的自由。

法蘭克強調，人類最後的自由，是在於選擇如何回應環境、選擇如何看待經歷。他說：「人們可以被剝奪一切，但不能被剝奪選擇自己態度的自由。」這個自由不僅是哲學上的思辨，更是實際的心理復原力來源。對於經歷過創傷的人而言，這種自由就是重建自我敘事的起點。你無法改變過去發生的事情，但你能重新定義它在你生命中的位置。

意義治療的核心不是要人「接受痛苦」，而是讓人看見：即使在痛苦中，我仍能透過意義建構，將經歷整合進我的生命敘事中。這種整合，是一種主體性的回復，是讓人從「被動承受者」的位置，重新回到「敘事的作者」。對法蘭克而言，真正的心理自由不是擺脫限制，而是在限制中發現選擇與信念的空間。這不是逃避現實的樂觀，而是一種穿越現實的意志。

第十章　從困境中長出力量，而不是倖存而已

　　耀庭是一位 35 歲的研究員，外表沉穩，說話緩慢。十年前，他赴美攻讀博士，在語言、文化與高度競爭環境中逐漸產生嚴重的焦慮與孤立感。他說那段時間自己「完全不知道怎麼活著」，每天靠著安眠藥與高劑量咖啡過日。最終，他選擇中止學業返臺。

　　表面看來，他重新適應社會、找到穩定工作，周遭親友也都認為他「終於走出來了」。但他內心始終有個聲音：「那算不算失敗？我算不算浪費了那幾年？我是不是比別人差一截？」這種懸而未解的情緒沒有劇烈爆發，卻像慢性疼痛般影響他對未來的規劃與對自己的評價。

　　他開始接受心理諮商，最初只是想「整理一下過去」，但隨著諮商進行，他逐漸意識到：真正困住他的，不是那段留學經歷本身，而是他從未讓自己有機會賦予那段經歷一種可承載的意義。

　　諮商師建議他進行一段為期八週的書寫練習，每週選一個「留學時期的片段」，不求精準記錄，只需回答一個問題：「那個當下的我，是在保護什麼？」耀庭起初抗拒，覺得這很像強迫自己合理化痛苦。但他慢慢發現，當他重新敘述那段時光時，不是為了讓它看起來更好，而是為了讓它有地方可以被安放。

　　他寫到自己凌晨一點還坐在圖書館，並不是因為他有多

3. 從痛苦中提煉意義，打造內在敘事

認真，而是他害怕回宿舍面對自己的孤單；他寫到每次教授問他意見時，他都假裝想了很久才回答，因為他太怕被發現自己聽不懂。這些書寫讓他開始理解：那段經歷雖不光彩，但充滿了一種努力維持存在感的微弱但堅持的意志。

意義的提煉，不是讓痛看起來合理，而是讓它在生命裡有一個能夠停靠的位置。心理學中有一項重要的敘事實務原則：當個體能將事件從「壓倒性的過去」轉化為「可述說的經驗」，即代表主體開始重新獲得對人生的解釋權與整合能力。這並不需要找到一個讓人滿意的答案，而是在敘事的過程中，練習說出「我雖然還在整理，但我開始能看懂一些脈絡」。

耀庭後來在一次工作簡報中被問到履歷空白那段時間，他不再迴避，而是說：「那時我在整理自己的人生方向，也學會怎麼與壓力共處。那不是一段成果豐富的時間，但對我來說，是一段很關鍵的成長期。」這句話不是場面話，而是他多年來首次用主體視角來陳述那段痛苦歷程。

從痛苦中提煉意義，不是為了讓一切變得值得，而是為了不再讓痛成為無法觸碰的領地。當我們願意說出「這段事，我還不能完全解釋，但我正在理解它」，那就是在建立自己的內在敘事框架。

所謂「打造內在敘事」，不是文學創作，也不是自我催

第十章　從困境中長出力量，而不是倖存而已

眠，它是一種心理結構的重建工程。當我們重新為經歷命名，為自己過去的行為給出不同層次的理解，我們也在同步建構一種新的主體位置——不是事件的被動承受者，而是敘事的說明者。

耀庭說：「那段經歷本來像是我履歷裡一個永遠跳過的空白，但現在，它變成一段我可以帶在身上的經驗。我不再覺得羞愧，雖然它仍讓我難過，但我能說出來了。」

當痛苦不再被壓在語言之外，而成為你能講述的一段過往，它就開始從創傷變成記憶，從記憶變成資源，從資源變成你選擇人生方向的基礎之一。

也許我們無法選擇經歷什麼，但我們可以選擇怎麼把這段經歷寫進自己的人生故事裡。那不是重新開始，而是重新書寫。

4. 重寫自己的故事，而非成為過去的延伸

在創傷之後，我們常以為自己只能「繼續活著」，然後試著離那段經歷越遠越好。但許多人會在過程中發現，無論走多遠，那些過去仍舊不時從記憶裡浮現，或以新的樣貌出現在我們的反應與關係中。那些故事之所以反覆出現，不是因為我們停留不前，而是它從未被允許發展新的版本。

許多創傷或困境經驗，會默默成為我們「內在敘事」的一部分 —— 我是不夠好的、我被放棄過、我總是做不好、我不能依賴任何人。這些敘事一開始是為了幫助我們理解世界與自己，但若從未被更新，就會像停滯的版本，困住我們原本可以再發展的生命可能性。

澳洲治療師麥可・懷特（Michael White）是敘事實踐（Narrative Therapy）的奠基者之一，他與紐西蘭心理學家大衛・埃斯頓（David Epston）共同發展出這套深具啟發性的治療觀點。在這個理論中，心理困擾不再被視為個人內在病理的結果，而是被理解為「故事的產物」—— 是個體與社會文化互動後，所產生的單一、重複、且限制性的敘事結構。而真正的療癒，來自於對這些故事的重新理解與重組。

第十章　從困境中長出力量，而不是倖存而已

在敘事治療中，有一項核心技巧被稱為「重編故事」（re-authoring the story）。這個概念並非要人遺忘創傷，也不是要替不堪的經歷抹上粉飾性的色彩，而是邀請當事人退後一步，檢視：我所說的這個故事，是不是唯一的版本？是不是某些語言、框架、角色分配，讓我失去了主體的位置？懷特認為，每個人的經驗中都同時存在多條敘事線索，而「治療」的本質，就是透過對話與提問，協助個體從固著的故事中找到其他可能性的語境。

比起傳統以「改變認知」為目標的治療方式，敘事實踐更關注語言如何建構現實。它相信人們不是「擁有某種問題」，而是「與一個問題有關係」，這意味著，問題與人之間是可以被重新界定的。懷特常說：「問題是問題，人不是問題。」當人能從問題主導的敘事中退出，開始在故事中尋找自己的價值、信念與能力時，真正的改變就開始發生。

重編故事，不是逃避真相，而是給予經驗一種更自由的語境。你無法抹去曾經發生的事，但你可以改變說故事的方式，而那個改變的說法，就是你重新為自己打開的道路。這不是空泛的重寫，而是一種深層的結構轉變──當你不再只是故事中的受害者，而能成為敘事的創作者，你的未來也將不再受困於過去的單一定義。

正智是一位技術型創業者，兩年前因公司連續虧損決定

4. 重寫自己的故事，而非成為過去的延伸

收掉營業。他的父親在他關閉公司前半年過世，兩件事重疊發生，讓他陷入深層停滯。他每天準時起床、買菜、處理家事，外表看來一切如常，但他對未來不再有任何計畫，也拒絕與朋友見面。用他自己的話說：「我覺得，一切好像都已經被決定好了，沒什麼好去改變的了。」

這種狀態不是憂鬱，而是一種被自我敘事「封存」的無力感。他不再相信未來能與過去斷開連結，因為在他的理解中，自己「曾經失敗」、「未能接住父親的晚年」、「錯過重來的時間點」——這些敘述，每一項都指向他「已經來不及」，也「不再值得再開始」。

在諮商初期，他不願多談公司經營與父親關係，只簡短說：「都過去了，有什麼好講的。」直到某次諮商師請他畫出「目前你如何看待你的一生」，他在白紙上劃出一段從20歲到50歲的直線，最後在末端寫下：「此處結束」。當諮商師問他：「你覺得這段故事可以重寫嗎？」他先是苦笑，然後說：「這是事實，怎麼重寫？」

這也是多數人對「重寫人生」這件事的誤解：我們以為那代表否定過去。但事實上，重寫不是否定，而是重新理解——讓你從原來那個只能被決定的位置，重新走回一個能做選擇的位置。

隨著諮商進行，正智開始練習從日常片段中找回「行動

第十章　從困境中長出力量，而不是倖存而已

感」——他每天記錄一句話，不是目標或反省，而是觀察：「今天有什麼讓我多活了一點？」這個練習乍看平淡，卻讓他開始重建和時間的關係：他發現自己會在早上特別用心準備早餐、在社區裡注意某棵樹的變化、在傍晚陽光灑在地板時感到安靜。他開始覺察到「活著」這件事。

在敘事實踐中，這稱為「外化問題」（Externalizing the problem）與「轉化主體位置」（Re-positioning the self）：將問題視為你經歷的一部分，而非你本身，並嘗試將「我是個失敗者」這類固著句型，轉為「我曾經歷一段失敗，但我仍可以做選擇」。這並非語言遊戲，而是意義上的鬆動。因為當你說出「我就是……」時，你關上了重構的可能性；而當你說「我曾……但現在……」時，你就在故事中保留了行動的位置。

正智後來並未再創業，也沒進入職場，而是開始固定為青少年科技教育社群撰寫文章，並不定期與幾位青年創業者交換想法。他說：「我不再期待恢復當年的成就感，但我開始覺得，我的經驗可以為現在的別人多補上一段。」他不再用「過去的我」來定義「現在的我」，而是讓現在的選擇重新定義他的故事。

重寫故事，不是為了讓自己看起來成功或高尚，而是讓自己從過去中解放，進入一個可以持續說話、持續編排的當

4. 重寫自己的故事,而非成為過去的延伸

下。這不代表從此無痛無傷,而是即使有痛,也知道它在自己的話語裡已經有了位置,不再必須默默忍受。

有些人的故事並不孤單,而是牽動整段關係的重新理解。有人在十年後才第一次對父母說出當年沉默時的感受;有人選擇打給當年離開的朋友,不是為了補回什麼,而是為了不讓自己永遠活在未竟的話語中。

我們最終都會經歷一些事件,使得舊的敘事邏輯無法繼續;那是斷裂的時刻,也可能是故事真正被重新編寫的起點。

不是每個人都需要從困境中「改變世界」,但每個人都可以從困境中慢慢學會:我可以在這個版本之外,寫出屬於我自己的版本。我不是那段痛的附錄,也不需要活成它的注解。我可以帶著它,重新往下寫。

國家圖書館出版品預行編目資料

先別振作，你的人生本該有選擇的自由：努力失效、價值感崩解、親密關係斷裂……關於失敗的十堂課，教你在崩潰中慢慢重建自己 / 周海編著. -- 第一版. -- 臺北市：財經錢線文化事業有限公司，2025.06
面；　公分
POD 版
ISBN 978-626-408-279-2(平裝)
177.2　　　　　　　114006730

電子書購買

爽讀 APP

先別振作，你的人生本該有選擇的自由：努力失效、價值感崩解、親密關係斷裂……關於失敗的十堂課，教你在崩潰中慢慢重建自己

臉書

作　　者：周海
發 行 人：黃振庭
出 版 者：財經錢線文化事業有限公司
發 行 者：崧燁文化事業有限公司
E - m a i l：sonbookservice@gmail.com
粉 絲 頁：https://www.facebook.com/sonbookss/
網　　址：https://sonbook.net/
地　　址：台北市中正區重慶南路一段 61 號 8 樓
8F., No.61, Sec. 1, Chongqing S. Rd., Zhongzheng Dist., Taipei City 100, Taiwan
電　　話：(02) 2370-3310　傳　　真：(02) 2388-1990
印　　刷：京峯數位服務有限公司
律師顧問：廣華律師事務所 張珮琦律師

-版權聲明-
本書作者使用 AI 協作，若有其他相關權利及授權需求請與本公司聯繫。
未經書面許可，不可複製、發行。

定　　價：299 元
發行日期：2025 年 06 月第一版
◎本書以 POD 印製